広布共戦の軌跡

青年部が原田会長に聞く

原田会長と語らう青年部リーダー（2020年8月）

1960年（昭和35年）5月3日、池田大作先生が創価学会第3代会長に就任されてから、2020年で60年の佳節《かせつ》を迎えた。この60年、学会は先生の死身弘法《ししんぐほう》の闘争により、世界宗教へと大きく飛躍を遂《と》げた。

長年にわたり、先生のもとで行動してきた原田会長に、青年部が「広布共戦の軌跡《きせき》」を聞いた。（「聖教新聞」2020年3月23日付～12月10日付に連載）

目次

Ⅲ部

一、本書では、青年部の対談者の発言を「――」としてまとめました。
一、御書の御文は『新編　日蓮大聖人御書全集』（創価学会版、第二七五刷）、法華経の経文は『妙法蓮華経並開結』（創価学会版、第二刷）に基づき、（御書○○ジペー）（法華経○○ジペー）と示しました。
一、肩書、名称、時節等については、掲載時のままにしました。

装幀　HAL　堀井美恵子

Ⅰ部
未曽有の世界広宣流布㊤

日蓮仏法が地球を照らす時代に

初代・二代の構想を「わが使命」と誓願

――第1回は「世界広宣流布」について伺います。

1954年（昭和29年）夏、故郷である北海道の厚田《あつた》を訪れた戸田先生は池田先生に語られます。

「ぼくは、日本の広宣流布の盤石《ばんじゃく》な礎《いしずえ》をつくる。君は、世界の広宣流布の道を開くんだ」

ご逝去《せいきょ》直前には、「メキシコに行った夢を見たよ。みな待っていてくれた」と言われます。池田先生にとって世界広布は、師《し》匠《しょう》の構想を現実のものにする闘争であったと思います。

原田　「世界広宣流布」は日蓮大聖人の御遺命《ごゆいめい》であり、大聖人正統の教団である創価学会の使命です。そして創価三代の会長、なかんずく池田先生の身命《しんみょう》を賭《と》した戦いがあったからこそ、仏教史上初めて現実のものとなったのです。

戸田先生は第2代会長に就任した翌52年の正月、「いざ往《ゆ》かん　月氏《がっし》の果《はて》まで　妙法を　拡《ひろ》むる旅に　心勇《いさ》みて」と詠《よ》まれました。1カ月後の男女合同青年部研究発表会では初めて、「地球民族主義」との理念を発表されています。日本国内にわずかな学会員しかいない時代から、戸田先生は明確に世界広布、世界平和の実現を考えられていたのです。

それは、牧口先生の教えによるものでもありました。

軍部政府下において牧口先生は、機関紙「価値創造」で〝妙法こそ、世界の人類が等しく渇望《かつぼう》する「無上最大の生活法」であり、「成仏の法」である。この偉大な力を、我々同志の実験によって証明し、誰にもたやすく分かるようにするのだ。そして、その功徳《くどく》を普《あまね》く施《ほどこ》して、一切衆生を無上最高の幸福へ至《いた》らしめるまで、前進していこうではないか〟と訴えられています。

53年11月18日、牧口先生の十回忌に際し、『価値論』が再版されます。「牧口常三郎著　遺弟《ゆいてい》戸田城聖補訂《ほてい》」と記《しる》されたこの本を、戸田先生は〝世界の大学・研究機関に送ろう〟と言われ、池田先生を中心に準備が進

いざ往かん月氏の果てまで妙法を
拡むる旅に心勇みて

1960年（昭和35年）5月3日、池田先生の創価学会第3代会長就任式（画・内田健一郎）

められました。そして、約50カ国422の大学・研究機関へと送られたのです。

こうした戸田先生の世界広布の構想を誰よりも真剣に受け止め、実現を誓われたのが池田先生です。だからこそ、会長就任式の壇上には、「いざ往《ゆ》かん――」との戸田先生の和歌が掲げられたのです。

宗祖《しゅうそ》の御遺命《ごゆいめい》であり、初代、第2代会長の熱願であった世界広宣流布を「わが使命」と決めた「誓い」から、池田先生の60年はスタートしました。

――小説『新・人間革命』第1巻「旭日」の章には、「伸一は、戸田城聖に、世界の広宣流布を使命として託《たく》された日から、やがて、海外で直面するであろう諸問題について思いをめぐらし、その一つ一つについて、熟慮《じゅくりょ》に熟慮を重ねてきたのである。（中略）彼の胸中には、既に世界広布の壮大にして精緻《せいち》な未来図が、鮮《あざ》やかに描かれていた」と記されています。

原田　先生は第3代会長に就任された年の10月から、7年間で計13度も海外を訪問されています。それは、アメリカから始まり、北・南米、アジア、欧州、オセアニアと各地にわたります。

この時期は、世界宗教への第一歩をしるされ、助走を始めた期間と位置づけられると思います。小説『新・人間革命』にも記されている通り、最初の訪問地となったハワイをはじめ、行く先々で先生は、大地に染み込ませるように題目を唱えていきます。

61年のイタリア訪問の折には、古代ローマの遺跡を見ながら、「ローマの　廃墟《はいきょ》に立ちて　吾《われ》思う　妙法の国　とわにくずれじ」と詠《よ》まれました。〝繁栄を誇ったローマ帝国は滅びたが、私たちは永遠に崩《くず》れない妙法の国を建設するのだ〟――そう決意を深めながらの闘争であったと拝察《はいさつ》されます。

――原田会長が初めて、池田先生の海外訪問に同行したのはいつでしょうか。その際、先生からは、どのような指導がありましたか。

原田会長

原田　72年4月です。先生から「具体的な計画は全面的に任《まか》せるから」とのお話をいただき、緊張しながら、必死でスケジュールづくりなどの準備に当たったことは忘れられません。

当時、先生は67年半ばからの5年で、「七つの鐘《かね》」のうち、第六の鐘が鳴り終わる72年に向かって、日本の広宣流布の基盤を完成させようと全国を駆《か》け巡《めぐ》られていました。そして72年、イギリスでのトインビー博士との対談をはじめ、フランス、アメリカへと渡られるのです。

羽田空港から経由地のソ連（当時）のシェレメチェボ空港を目指した機中でのことです。先生は「私が最初、海外指導に出掛けた時は、胸のポケットに、戸田先生の遺影《いえい》をしのばせていたんだ」と話してくださいました。〝いつ、どこにあっても、池田先生は戸田先生と共にあるんだ〟と強く心に刻みました。

勇気と希望送る新たな闘争開始

――その72年4月から75年7月まで続く計12回の海外訪問では、SGI（創価学会インタナショナル）の発足という、今も燦《さん》然《ぜん》と輝く世界平和への大絵巻《だいえまき》が繰り広げられます。当時のことを教えていただけますか。

原田 70年、言論《げんろん》問題で学会は無理解の非難にさらされていました。そうした中にあって、〝新たな広布の歩みを開始していこう。海外から日本の会員に勇気と希望を送っていこう！〟――先生は、こう決意されていたのだと思います。

72年5月には、トインビー博士との1度目の対談に臨まれます。これは69年に博士から、対談を希望する書簡が寄せられて実現したものです。

先生は対談の1年以上前から、準備を始められていました。博士の著作を読み深めながら、質問や構成を考え抜かれていたのです。車での移動中や、そばにいる時など、「原田君はどういう質問がいいと思うか」とたびたび問われました。全魂《ぜんこん》を傾《かたむ》けての真剣勝負の気迫でした。それが今や世界29言語で出版され、多くの識者が〝座右《ざゆう》の書〟〝人類の教科書〟と賞讃する対談集へ結実したのです。

――そして、池田先生は72年秋、「広布第2章」に入ったことを宣言されます。その後、トインビー博士との2度目の対談（73年5月）などを経て、74年5月の初訪中、9月の初訪ソ、12月の周恩来総理《しゅうおんらいそうり》との会見へと続きます。

原田　75年の1月にはキッシンジャー米国務長官との会見やSGIの発足式が行われ、同年4月には3度目の中国訪問、さらに5月にはフランスでローマクラブ創立者のペッチェイ博士や、作家のマルロー氏、美術史家のユイグ氏らとも会見されます。

まさに、この3年間は、本格的な『世界広布の幕開け』の時代であり、先生の人間外交が見事なまでにダイナミックに展開された時でもありました。

池田先生は日中関係が非常に厳しかった68年、学生部総会で「日中国交正常化提言」を発表されます（4年後に「国交正常化」が実現）。この提言と学会の民衆運動に着目し、評価していたのが周総理です。だからこそ、病身を押して、先生と会見されたのだと思います。

当時は中ソの対立も激しく、一触即発《いっしょくそくはつ》の危機が憂慮《ゆうりょ》されていました。

74年、先生の初訪中に同行した際、中学校の教員、生徒らが、〝隣国の超大国に備《そな》えています〟と、地下に防空壕《ぼうくうごう》を掘っている現場も見ました。

こうした状況を見聞きして先生の胸中には、〝絶対に戦争を起こさせない〟との強い強い決意が深まったのだと思います。

約3カ月後、ソ連のコスイギン首相に会った際、先生は問い掛けます。「率直に伺いますが、ソ連は中国を攻《せ》めますか」

すると首相は、「いいえ、攻撃《こうげき》するつもりはありません」と言われ、「それをそのまま、中国の首脳部に伝えてもいいですか」と先生が返されると、「伝えてくださって結構です」との返答がありました。

それから約3カ月後の2度目の訪中の折、先生は中国首脳にその話を伝えました。

この第2次訪中の最後に、病床《びょうしょう》にあった周総理《しゅうそうり》は、周囲の反対を押し切って、入院先の病院で、池田先生、奥さまと会見されるわけです。それは、日中友好の万代にわたる契《ちぎ》りを結ぶ語らいとなりました。

――こうした先生の行動について、南開大学周恩来研究センターの所長を務めた孔《こう》繁豊《はんほう》氏は、「周総理はこの情報を知り、非常に重視したと私は分析している。当時、国内の激動の政治状況の中、周総理は『四つの現代化』に取り組んでいた。この計画の実現には正確な国際情勢の判断が不可欠だった。その時、（池田）名誉会長を通じてソ連の態度を知り、周総理は『中ソ開戦はありえない』との確信を深め、国家の再建計画を大胆《だいたん》に実行することができたのだ」と語っています。

原田　実際、中国首脳の一人である鄧小《とうしょう》平《へい》副首相（当時）の年譜を見ると、先生と会見した直後の12月中旬に病院へ見舞いに行き、周総理と懇談を重ねています。翌75年1月の全人代《ぜんじんだい》には、その周総理が病《やまい》を押して出席し、「四つの現代化」の推進を提起しています。これが78年の鄧小平氏の「改革《かいかく》・開放《かいほう》」路線《ろせん》につながっていくのです。

孔氏の分析にあったように、先生があの時、コスイギン首相の言葉を中国側に伝えられたことが、どれほど重要であったか。「四つの現代化」から「改革・開放」路線、その後の現代中国の大発展にいたる流れを見るときに、あの先生の中ソの〝橋渡し〟は、歴史の歯車を動かした「人間外交の真価」であるといっても過言ではないと思うのです。

自分こそが弟子　師弟の道を歩む
――2019年9月、原田会長と一緒に、

青年部の訪印団に参加しました。インド創価学会の、青年を先頭にした勢いある拡大の様子は、とても感動的で大きな示唆《しさ》を受けました。また、創価菩提樹園《ぼだいじゅえん》や新本部のスケールの大きさは、日本の私たちには想像がつかないものでした。

原田　インドの大発展には目を見張るものがあります。

今は23万人を超えるインド創価学会ですが、池田先生の初訪問（61年1月）の際、メンバーは一人もいませんでした。それでも先生は、東洋広布を熱願された戸田先生との誓いを胸に、「仏法西還《せいかん》」の決意をとどめようと訪印されました。そして、自分と同じ決意に生きる弟子よ「出でよ！」と心で叫ばれています。

私は、池田先生の3度目のインド訪問（79年2月）に同行させてもらいましたが、この時、集まったメンバーは40人ほどでし

た。先生は、そのメンバーを「雄大にして悠久《ゆうきゅう》なるガンジス川の流れも、一滴の水から始まる。同じように皆さんは、インド広布の大河をつくる、源流の一滴、一滴となる方々です。洋々たる未来を信じて前進していっていただきたい」と大激励されます。

この一人一人が、先生の指導をしっかりと受け止め、使命を自覚し、大河の流れをつくるべく奮闘して、今の礎《いしずえ》を築くのです。その精神が、後継の青年たちに受け継がれます。

つまり、〝自分こそが先生の弟子として、広布を実現する!〟との決意が、インド大発展の要因です。41年前、〝ガンジスの一滴に〟と励まされた草創《そうそう》の先輩と同じく、インドの青年部の一人一人が、「アイ　アム　シンイチ・ヤマモト!(私は山本伸一だ!)」、「アイ　アム　ザット　ワン　ディサイプル(私がその一人の弟子だ!)」の合言葉《あいことば》で前進しています。

どこまでも、「師弟」です。師弟なくして、信心も広布もありません。インドの大発展が、それを証明しています。

私たちも、〝自分こそが先生の弟子である!〟との決意で、生涯「師弟の道」を貫《つらぬ》き通していきましょう。

I部

未曽有の世界広宣流布㊦

「一人」への信義が崩れぬ友情に

相手が庶民でも国家指導者でも　変わらない誠実の行動

――池田先生はこれまで10度訪中され、日中に友好の「金《きん》の橋《はし》」を築いてこられました。原田会長も同行された初訪中（1974年〈昭和49年〉5、6月）では、北《ペ》京《キン》、西安《せいあん》、鄭州《ていしゅう》、上海《シャンハイ》、杭州《こうしゅう》、広州《こうしゅう》と移動し、大変なハードスケジュールでした。そうした中、北京で小さな女の子に、「おじさんは、どこから来たのですか」と問われた先生が、「日本から来ました。あなたに会うために来ました」と答えられた話は、強く印象に残っています。

原田　初訪中の際、先生は要人はもとより、道行く少年であれ、労働者の壮年であれ、一人の人間として真心で激励され、友情を結んでおられました。

私は思わず、「先生は、いつ、どこにあっても、相手の心を的確に捉《とら》えた、励ましの言葉を掛けられますが、その秘訣《ひけつ》はなんなのでしょうか」と、お伺いせずにはいられませんでした。

これに対し、「秘訣などあるわけがない。私は真剣なんだ。この人と会えるのは今しかない。その中で、どうすれば心を結び合えるかを考え、神経を研ぎ澄まし、生命を削っているのだ。その真剣さこそが、智慧《ちえ》となり、力となるんだよ!」と教えてくださいました。実践の中で学んだ指導は、私にとって大事な教訓になっています。

――先生はまた、周恩来《しゅうおんらい》総理《そうり》、鄧小平《とうしょうへい》副総理、江沢民《こうたくみん》国家主席、胡錦濤《こきんとう》国家主席と4世代にわたる中国の指導者と交流を深めてこられました。原田会長が特に印象に残っているシーンはありますか。

原田 85年3月、胡錦濤氏が中国青年代表団を率いて、初めて日本に来られた時のことです。胡錦濤氏が団長で、李克強《りこっきょう》・現首相が副団長でした。

先生はこの時、2月末から九州指導を行っていました。しかし、大事な未来の指導者が来日されると聞き、予定を変更して東京に戻り、会見されたのです。

そのことを聞かれた胡錦濤氏らは非常に

感動されていました。その後、胡錦濤氏が国家副主席になったばかりの98年（平成10年）や国家主席として来日した2008年の会見の際も、その話が話題になりました。18年、来日中の李克強首相とお会いした際、先生からの漢詩をお渡ししました。大変に喜ばれた首相から「金の橋は永遠に堅固にして（池田先生の）風格は永久に不滅である」（大意）との返書が届けられました。

　国交正常化後、中国から初の国費留学生を、日本の大学の中で最初に創大に受け入れた際（1975年）も、先生は自《みずか》らが身元保証人になりました。

　中国が天安門事件等で国際的孤立を深めていた頃には、あえて約300人の大交流団を結成し、訪中されました（90年）。初訪中の際、先生は中日友好協会の廖《りょう》承志《しょうし》会長に「もし、お国が大変な時は、遠慮なく創価学会にSOSを発信してください。たとえ千年先、一万年先でも応援に来ます」と語られました。先生は、その約束を果たし続けてこられたのです。

　この90年の訪問の際、周総理夫人の鄧穎《とうえい》超《ちょう》氏は、周総理の形見の象牙のペーパーナイフと、鄧氏が愛用された玉製の筆立てを「どうしても受け取ってほしい」と先生に贈られました。どれほど、深く先生を信頼されていたかがうかがえます。

　先生は一貫して、「一人」への誠実な行動に徹してこられました。何があっても、信義の道を貫かれました。そして、未来のため、青年との交流を大切にされたのです。

だからこそ、崩れざる友情が築かれたのです。学会に対する中国の信頼は、池田先生に対する信頼そのものであると強く実感しています。

――キューバのフィデル・カストロ議長と先生が会談された時の話も、深く心に残っています。

原田　あの時、カストロ議長は、普段の軍服ではなく、スーツ姿で池田先生を迎えてくれました（96年6月）。「国内の公式行事で軍服をぬいだのは、革命以来、初めて」（当時のロイター電）と報じられるほどで、皆が大変に驚きました。

会見は大いに盛り上がり、30分程度の予定が1時間半程に延びたのです。話は「後継者論」などにおよび、先生は「大事なのは第2代であり、なかんずく第3代です。3代まで固めれば、恒久性ができます。後は、ずっと続いていきます」と言われていました。

また、「周囲に苦言を呈する人がいた方がよい」などの「指導者論」も展開されました。

実は会談の後、食事が用意されたレセプション会場に移ったのですが、ここでもお二人は、片隅に椅子を持ち込んで会談を続け、非常に打ち解けて語り合われていました。

先生が帰国された後、キューバで行われた「日本美術の名宝展」（東京富士美術館所

深く心が通い合う語らいとなった池田先生とキューバのカストロ議長（1996年6月、ハバナの革命宮殿）

蔵）へ8月に赴いた議長は、先生宛てにメッセージを託されました。それは「私は〝革命家〟であります。息を引き取る最後の瞬間まで、キューバ人民の尊厳と、キューバ共和国の主権のために戦い続けます」「池田会長も〝革命家〟であり、日々、民衆の尊厳のために戦っておられます。そのために、どのような目に遭おうとも戦っておられます」という内容のものでした。

あれから20数年。キューバでは今、メンバーがはつらつと平和と文化と教育の運動を進め、活躍しています。

戸田先生のことを語らぬ日はない

――ブラジルについても伺います。74年3月、先生の訪問が直前で中止になるなどの苦難の歴史もありましたが、その後、84年に訪問が実現し、ブラジルは大発展を遂げています。

原田　ブラジルの事情について、簡単に確認しますと、第1次（60年10月）を経た第2次（66年3月）の際は、厳しい官憲《かんけん》の監視のもとで、訪問を進めざるを得ない状況でした。

この時、メンバーは約8000世帯に躍進していましたが、64年に発足した軍事政権のもと、政治警察が強権を振るっていました。偏見《へんけん》に満ちたマスコミや、学会に敵意を抱く日系人の他宗有力者が、〝宗教を偽装《ぎそう》した政治団体〟〝共産主義者とつながっている危険な団体〟等と吹聴し、当局がずっと監視していたのです。

74年の際も、その状況は変わらず、ビザの申請をしても日本のブラジル総領事館から許可されることはありませんでした。

日本をたつ時、「必ず取れます」と申し上げ、訪問先のアメリカでも、ぎりぎりまで努力しましたが却下されました。そうした中で、最終的にブラジル訪問を断念せざるを得なくなってしまったのです。

小説『新・人間革命』第11巻「暁光《ぎょうこう》」の章でも描かれていますが、滞在先のアメリカからブラジルに電話をして、サイトウ理事長（当時）に訪問中止を伝えたのは私でした。用件を伝え終えると、先生はすぐさま受話器を受け取り、こう言われます。

「辛《つら》いだろう。悲しいだろう。悔しいだ

ろう……。しかし、これも、すべて御仏意《ごぶっち》だ。きっと、何か大きな意味があるはずだよ。勝った時に、成功した時に、未来の敗北と失敗の因をつくることもある。負けた、失敗したという時に、未来の永遠の大勝利の因をつくることもある」

「ブラジルは、今こそ立ち上がり、これを大発展、大飛躍の因にして、大前進を開始していくことだ。また、そうしていけるのが信心の一念なんだ」

「長い目で見れば、苦労したところ、呻《しん》吟《ぎん》したところは、必ず強くなる。それが仏法の原理だよ。今回は、だめでも、いつか、必ず、私は激励に行くからね」と。

この出来事については、先生とブラジルの同志に残念な思いをさせてしまい、私としては慚愧《ざんき》に堪《た》えない思いでした。

メンバーはそれ以降、断じて先生のブラジル訪問を実現しようと奮闘しました。先生の指導通り、「よき市民」「よき国民」として、地域のため、社会のために献身してきたのです。そして、10年後の84年2月、フィゲイレド大統領の招聘《しょうへい》で18年ぶり3度目の訪問が実現します。

2020年2月、ブラジルSGIのイケダヒューマニズム交響楽団が、ブラジルの日系5団体が開催する「天皇陛下誕生日祝賀会」に要請され、記念コンサートを行いました。その様子を収めた動画を聖教ムービーで見ましたが、心から感動しました。

この会場は、軍事政権の監視の中で行われた南米文化祭（66年）で、先生がブラジルの同志を大激励した場所と同じでした。
あれから50余年。今やブラジルＳＧＩは、各界から絶大な信頼を勝ち得て、社会でなくてはならない存在として輝いています。

――4度目となった93年2月の訪問の折には、「世界人権宣言」の起草に尽力した、ブラジル文学アカデミーのアタイデ総裁との歴史的な出会いもありましたね。

原田　戸田先生に対する池田先生の「師弟不二」の在《あ》り方を、あらゆる時に教わってきましたが、ブラジル訪問でも、池田先生は、「私は、体のどこを押しても、戸田先生の指導が出てくるんだ。一年３６５日、奥さんと一緒に、戸田先生のことを語らない日はないんだ。映写機のように、当時の情景が浮かんでくるんだ」と言われていました。

リオデジャネイロの空港でのアタイデ総裁との出会いの直後には、「不思議な方だ。戸田先生が迎えてくださったような気がした」と述べておられました。実際、総裁と戸田先生は、１歳程しか年齢は変わりません。

その総裁は、94歳の老軀《ろうく》を顧《かえり》みず、何と到着の2時間前から先生を待ち続けておられました。「別室で休んでは」という出迎えメンバーの勧めに、「私は、94年間も池田会長を待っていたのです。１時間や2時間は何ともありません」と答えられました。先発隊として、空港で先生を待っていた私も、その言葉を直接聞きました。

総裁は当時も、ブラジルの有名な日刊紙のコラムに健筆を振るい続け、先生のリオ滞在中も連日、掲載されていました。

「我々は人類の運命の行方を決める一人、池田大作氏を迎えることができた」

「氏は、『武力』を『対話』に変え、相互理解と連帯の力が、すべての悪の脅威に打ち勝つことを教えたのだ」と。

そして、先生との対談集『21世紀の人権を語る』の発刊にも全力を注がれたのです。

リオでの滞在2日目には、池田先生は「私は、このリオの地に、戸田先生とご一緒に来ていると思っている」とも語っておられました。

戸田先生の生誕の日である2月11日に行われた、リオデジャネイロ連邦大学からの名誉博士号授与式の謝辞では、「貴大学からいただいた尊き称号を、私は最大の誉れとし、わが恩師に捧《ささ》げたい」と宣言されました。

この日、戸田先生の出獄後の半生をつづる、小説『人間革命』全12巻の新聞連載が完結し、先生は「あとがき」を書かれます。そこに、「先生の偉業を世界に宣揚《せんよう》することは、弟子としての、私の使命である」「創価桜の大道を行く私の胸のなかに、先生は今も生き続けている」と記されました。

池田先生は常に、どんな時も、戸田先生のことを考えておられました。私たちも、常に師を思い、師と共に歩む人生でありたいと思います。

I部

正義と励ましの言論闘争㊤

東奔西走《とうほんせいそう》の激励の中「人間革命」を連載

〝ただ会員のため〟の命懸けの執筆

――今、世界中で、青年が小説『人間革命』『新・人間革命』を学び、信心を深め、活動の糧《かて》としています。原田会長は『人間革命』の初代編集担当者として、池田先生の執筆闘争を間近で見てこられました。特に、どのような点が心に残っていますか。

原田　『人間革命』には、学会精神の正史、三代の師弟の魂《たましい》、民衆運動の軌跡《きせき》がつづられています。それは、広布に進む同志の原動力になるとともに、はるか未来の人々のために書かれたものでもあると思います。

私は、第1巻から第3巻まで、担当させ

ていただきました。連載開始の1965年（昭和40年）当時は、大学を卒業して、聖教新聞社の新入職員として働き始めて1年目でした。先生は、前年12月2日に沖縄の地で執筆を開始され、約2週間後には13回分の原稿をくださいました。

当時の新聞制作は活版《かっぱん》印刷です。今の人たちには想像もつかないかもしれませんが、原稿をもとに、職人が一つ一つ鉛の活字を拾い、版を作っていく。できるだけ早く作業をするために、原稿をはさみで切り分けて数人で分担する。つまり、元の原稿は後に残らないわけです。

当時は、コンピューターはおろか、今のようなコピー機も普及していません。〝先生の原稿を歴史に残さなければならない〟との思いで、私自身が〝人間コピー機〟になって自分の手で書き写した原稿を工場に届け、直筆の原稿は保管していきました。

原稿が届き、すぐさま書き写し始めたところ、1回分の書写が終わる前に、次回分、さらに次々回分と、先生からものすごい勢いで原稿が届いたことが何度もありました。その気迫、スピードのすさまじさに圧倒される日々でした。

当初、聖教新聞は週3回発行でしたが、同年の7月15日付から日刊になり、小説の連載も週3回から倍以上になりました。先生は、東奔西走《とうほんせいそう》の激務の中での執筆であり、まとめて頂戴していた原稿もあっという間に少なくなっていきます。

いよいよ、原稿がなくなってしまった日、

私は「先生、今夜いっぱい、まだ時間がありますから、明日の降版分《こうはんぶん》を、よろしくお願いします」と、なるべくご負担をお掛けしないように、言葉を選んで申し上げました。すると先生は「うん、分かったよ」と答えられ、一気に書き進めてくださったのです。切羽詰《せっぱつ》まった様子の私のことを心配してくださったのだと思います。

後年、先生は、随筆に「彼（担当者＝編集部注）のために、苦しませてはならぬと、しぜんに無理をして書く」と、その時の心境をつづってくださいました。

また当時、私は独身寮で生活していました。ある時、ゲラ刷りを届けに学会本部の先生のもとへうかがい、社に戻りました。その直後、先生から「靴下」が届いたのです。私の靴下に穴があいているのを、ご覧になった先生のご配慮でした。激闘の渦中にあっても、新入職員の身だしなみにまで心を砕《くだ》いてくださり、感激で胸がいっぱいになったことを、今も鮮明に思い出します。

地方指導に行かれる際も、海外への平和旅の際も、先生はいつも原稿用紙の入ったかばんをお持ちでした。分刻みのスケジュールを終え、宿舎に戻ってからも、先生は深夜まで執筆を続けておられました。

担当者として、先生のご執筆の様子を目の当たりにする中で、日刊紙に小説を連載するのがどれほど大変なことなのかを、肌で感じました。そして、その命懸けの執筆闘争を支えていたのは「師匠の偉業を宣揚《せんよう》する」との、弟子としての誓願であったのです。

そのことを痛切に感じたのは、後に『人間革命』が映画化された際のことです。東京・江戸川区にあった撮影のロケ地を訪問された先生は、帰りの車中でこう語られました。

「牧口先生、戸田先生を宣揚するとはいっても、また、牧口門下がいかに多しといえども、牧口先生、戸田先生を現実に宣揚しているのは、誰もいないじゃないか！　だから、私は、先師、恩師の偉業を書き残さなければならない。それが弟子の道じゃないか！」と。師弟の真髄《しんずい》を教えていただき、命が震えました。

「世界中の人に」との戸田先生の熱願

――先生の、聖教新聞に対する思いについても、お聞かせください。


原田　そもそも、聖教新聞の発刊の原点は、50年8月24日、事業が行き詰まり、苦境に立たされていた時、戸田先生が池田先生に、こう語られたことにあります。

「一つの新聞をもっているということは、実に、すごい力をもつことだ。学会も、いつか、なるべく早い時期に新聞をもたなければいけない」と。

この師弟の語らいから出発し、翌51年4月20日に創刊されました。その直後の5月3日には戸田先生が第2代会長に就任。以来、今日に至るまで聖教新聞は広布推進の原動力となってきたのです。この間、池田先生は、自《みずか》ら原稿を書かれ、見出しやレイアウト等にも細やかなアドバイスをされ、そして、誰よりも配達員の無事故を祈り抜いてくださいました。

2019年、世界聖教会館が完成した時、私の胸に真っ先にこみ上げてきたのが、聖教新聞をここまで大きく育ててくださった先生への尽きせぬ感謝でした。

今や、世界50カ国・地域で80以上の姉妹紙・誌が発行され、聖教電子版には、205カ国・地域からアクセスがあります。聖教新聞を「日本中、世界中の人に読ませたい」という戸田先生の熱願を、池田先生は現実のものにされたのです。

体調不良の時は録音機を使い、口述

——『人間革命』『新・人間革命』を、より深く研さんしていくために、大切なことはありますか。

原田　執筆当時の歴史を学んでいくことも大事です。時代背景を知ることで、小説を通し、同志を鼓《こ》舞《ぶ》しようとされている先生のお心が伝わってきます。

たとえば、『人間革命』第6巻「七百年祭」の連載が開始されたのは70年2月です。その前年12月の関西指導の前から、先生は体調を崩され、高熱を押して指導旅を敢行《かんこう》されました。年が明けても体調不良が続くなか、前年8月から休載していた『人間革命』を再開されたのです。

――69年末から70年初めといえば、あの言論《げんろん》問題が起こり、誹謗《ひぼう》・中傷《ちゅうしょう》の嵐が学会を襲《おそ》っていた時です。

原田　そうです。当時、池田先生の執務室にオープンリール式のテープレコーダーが運び込まれました。大きく、重い機械です。体調が優《すぐ》れぬ先生は、その機械を使って口述されました。実際に、先生が吹き込んだテープには、口述しながら咳《せ》き込む声、水を飲む音、荒くなった呼吸などが、そのまま録音されています。

なぜ、先生はそこまでして執筆されたのか。言論問題は、先生の会長就任以来、学会が直面した最大の試練でした。

実は、この背景には、64年に結党された公明党が平和と福祉の党として発展を遂げ、69年末の衆院選では改選前の約2倍に当たる47議席を獲得。第3党に躍り出たということがありました。公明党の躍進に危機感をもった一部の政党は、70年に入ると、学会が言論弾圧したとして、国会の場で狂ったように攻撃を開始しました。一部のマスコミも、それに同調する報道をしていました。

学会の対応に未熟な部分があったことは事実ですが、事の本質は、新たな民衆勢力の台頭を阻《はば》もうとした既成の勢力による宗教弾圧でした。

この時も、先生は一人、屋根となって、辛労《しんろう》を尽くされ、学会を守り、会員を守りながら、新しい広布の道を切り開いてくださったのです。今、当時のことを思い起こすたびに、報恩の心を新たにいたします。

こんなこともありました。ある時、先生は箱根の研修所（現・神奈川研修道場）で、夜遅くまで会員の指導を続けられていましたが、いくつかの卑劣《ひれつ》な学会攻撃の報告を聞かれると、直ちに「本部に戻る」と決断されたのです。

発熱など、連日の体調不良に苦しまれていた時期です。冬場でもあり、先生のお体を気遣って、止める声もありました。しかし、先生は深夜、同所を出発され、未明に本部に戻られ、そのまま、首脳の皆さんと、いかに同志を守り、事態を開いていくか、協議を重ねられたのです。

そして、先生は、こう叫ばれました。

「私は戸田先生の弟子である。何を言われようと、何があっても平気だ。恐れるものなど何もない！」

まさに師子吼《しくく》でした。

その一方で、一人一人の会員のことを深く憂慮《ゆうりょ》してくださり、「多くの純真な学会員に、悲しい思いをさせるのは可哀想《かわいそう》だ」「ご主人が未入会の婦人が、どんなに辛《つら》い思いをするか」と、それはそれは心を砕《くだ》いておられました。

このような状況の中で、『人間革命』第6巻「七百年祭」の連載が、2月9日から始まったのです。当初、連載開始は「2月11日」を予定していました。当時の聖教には、「一日も早く再開してほしいとの全国の読者の強い要望等もあり」掲載が早まったとあります。さらに、土、日曜日は休載の予定だったのが、読者からの要望に応えて、日曜のみの休載になったことも報じられています。

この章には、戦後、戸田先生のもとで池田先生をはじめとした当時の青年部が、宗門の邪悪《じゃあく》と戦った歴史がつづられています。理不尽《りふじん》な迫害とは断じて戦うとの正義の闘争が描かれている章でした。

先生は、ご自身が最も大変な中にあっても、ただただ会員のために、まさに命懸けで執筆を続けてこられました。池田先生の言論闘争とは「会員を守り抜く」「会員を励まし抜く」という信念に基づくものであったのです。

こうした大激闘の中、この70年の9月28日に聖教新聞の本社ビル（旧本社）が落成しました。２０１９年、先生が世界聖教会館を初訪問してくださったのは、それから49年後の同じ日です。

先生の真心に、感謝の念は尽きません。私たちは、師匠の大恩に応えるために、友を幸福へ、世界を平和へ導く正義の言論戦を貫いてまいりたい。

I部
正義と励ましの言論闘争㊥

広布を阻《はば》む悪とは断じて戦う

恩師の遺訓《いくん》「追撃の手をゆるめるな！」

――前回、小説『人間革命』第6巻「七百年祭」の章が執筆された当時の様子を伺いました。この章には、いわゆる「狸祭《たぬきまつ》り事件」がつづられています。戦時中、神本仏《しんぽんぶっ》迹論《しゃくろん》（注）の邪義を唱えた小笠原慈聞《おがさわらじもん》という悪侶を、青年部が糾弾《きゅうだん》したことから起きる、宗門の暴挙《ぼうきょ》の歴史です。

原田　それは1952年（昭和27年）4月、日蓮大聖人の宗旨《しゅうし》建立七百年慶祝記念大法会の折の出来事です。当時、僧籍《そうせき》を剥《はく》奪《だつ》されているはずの小笠原を27日、学会の青年たちが総本山で発見しました。

小笠原は戦時中、「国家神道」を精神の支柱《しちゅう》にして、戦争を遂行するために思想統制を図る軍部政府に、保身の故《ゆえ》に迎合《げいごう》し、大聖人の正法正義を踏みにじった悪僧です。この動きが遠因となって、軍部政府による学会への弾圧が起こり、牧口先生の獄死へとつながっていくのです。

青年たちは、この悪僧を牧口先生の墓前に連れて行き、神本仏迹論の誤《あやま》りを認めるように迫りました。

実は宗門は、破門にされていた小笠原を46年3月に僧籍復帰させていました。法を根本から歪《ゆが》める邪義を不問に付していたのです。しかし学会には、〝宗門にそんな僧侶はいない〟と隠していました。

責任を回避したい宗門は、青年たちが小笠原を糾弾したことに対し、宗会を開き、戸田先生が小笠原に〝加害暴行〟し、登山した檀信徒に信仰的動揺を与えたとして、「開山以来、未曾有《みぞう》の不祥事《ふしょうじ》」と断じ、あろうことか、「謝罪文の提出」「大講頭の罷《ひ》免《めん》」「登山停止」という処分を決議したのです。

しかも宗門は、この出来事が起こると、52年4月5日に小笠原の僧籍復帰を認めたばかりだと言い出し、〝僧侶に信徒が暴行を振るった〟という構図を作り上げようとしました。

――宗門が、いかに狡猾《こうかつ》で卑劣《ひれつ》かを物語っていますね。

原田　この時、池田先生をはじめとした青年部が、「宗会の決議取り消しを要求する！」「断じて戸田先生を守れ！」と立ち上がりました。

宗会議員《しゅうかいぎいん》一人一人と会って、事件の経緯と真実を語り、決議の理不尽《りふじん》さを訴え、撤回を求めていったのです。

池田先生は、胸に憤怒《ふんぬ》の火を燃え盛らせながら、礼を尽くして対話をされました。『新・人間革命』第30巻「大山」の章には、〝宗会は、戸田先生の大講頭罷免《ひめん》や登山停止など、お一人だけを処分するつもりだ。これは、会長である先生と会員との分断策だ。戸田先生なくして、いったい誰が広宣流布を進めるのだ！　何があろうが、私たちが戸田先生をお守りする。正義を貫かれた、なんの罪もない先生を処分などさせるものか！〟との真情が描かれています。

青年部の道理を尽くした真摯《しんし》な説得の結果、宗会議員の多くは考えを改め、戸田先生を処分するという決議の撤回《てっかい》に同意します。また、時の法主《ほっす》も、この宗会決議を採用しませんでした。

学会は、この小笠原事件を乗り越え、師弟の魂の結合を一段と強くし、戸田先生の悲願である会員75万世帯の達成へ、雄々しく飛翔《ひしょう》していきます。

池田先生は、『新・人間革命』第27巻「正義」の章で、この小笠原事件を振り返られながら、「『破邪《はじゃ》』なくして『顕正《けんせい》』はない。いや、『破邪』なきは、結果的に『邪悪』への加担となり、同罪となることを知らね

桜花の4月2日。恩師を思い、弟子の道を貫く池田先生（絵・間瀬健治）

ばなるまい」と教えてくださっています。
――戸田先生は「創価学会の歴史と確信」（51年夏）をはじめ、折々の指導で、腐敗《ふはい》、堕落《だらく》した宗門の体質を痛烈に破折されています。特に聖教新聞の「寸鉄《すんてつ》」欄では、厳しく指弾しています。

原田　52年7月10日、小笠原事件の渦中には、次のような「寸鉄」があります。

○如説修行抄《にょせつしゅぎょうしょう》に仰《おお》せあり
『真実の法華経の如説修行の行者の師弟檀那《だんな》とならんには三類《さんるい》の敵人《てきじん》決定《けつじょう》せり、されば此《こ》の経を聴聞《ちょうもん》し始めん日より思い定むべし』。三類の悪人の仕業《しわざ》の中に『遠離塔《おんりとう》寺《じ》』と言って寺から追い出すやり方がある、悪人共がさ。

さて、我等が会長に折伏の大将としての一大名誉を贈ったのさ、『遠離塔寺《おんりとうじ》』と云《い》う仏様からの勲章《くんしょう》なんだ。
○寸鉄居士《すんてつこじ》ニヤリとして曰《いわ》く　宗会議員の諸公は三類《さんるい》の敵人中、第二類か第三類か、ニヤリ。
戸田先生が、宗門の本質を鋭く見抜き、いかに厳しく破折されたかがよく分かります。

本部を後回しで、宗門外護《げご》の赤誠《せきせい》

――戸田先生と学会は、大変な苦労をしながら、宗門外護に尽くされたのですね。


原田　私自身、決して忘れられないのが、かつて池田先生に教えていただいた、学会本部を巡る歴史です。実は学会は、本部建設のために購入した土地を売り払ってまで宗門に供養《くよう》していたのです。

詳しく申し上げますと、戸田先生が学会再建に着手した当時から、東京・西神田にあった戸田先生の会社の2階を本部として使ってきました。しかし、西神田の本部は、使える部屋は2間しかなく、あまりに狭く、会合や指導を求めてやって来た人たちが、外にまであふれることが少なくありませんでした。

そんな中、学会本部の建設が決まり、52年6月20日付の聖教新聞に、「学会本部建設決定」との見出しが掲げられたのです。同年12月20日付の新聞では、「本部建設用地決まる」として、新宿区信濃町25番地に、425坪（1坪＝約3・3平方メートル）の敷地を購入したことが写真付きで報じられています。

ところが戸田先生は、長年の風雪に傷み、修復が急務であると、総本山の五重塔の整備を申し出ます。つまり、学会本部建設より宗門の外護を優先したのです。そのため、購入した25番地の土地も売却しました。

学会は、その後、当初の土地面積の半分近くの古い洋館を購入します（53年9月20日付の聖教新聞で報道）。ここが、現在の本部がある信濃町32番地で、この洋館を改築し、当初の予定より大幅に遅れて、53年11月に本部が誕生するのです。

このほか、末寺の建立にも全力を挙げていました。53年4月10日付の聖教新聞には、「学会本部も建てなきゃならんが、学会の事は後回しにして御奉公《ごほうこう》したい。どうか又御苦労であるが一骨折ってくださる様御願いします」との戸田先生の談話が発表されています。学会を挙げて、それこそ〝財布の底をはたいて〟まで、宗門興隆のために供養したのです。しかし、その赤誠も分からない体質が、宗門には昔からありました。

戸田先生が、どれほどの思いで、本山の復興に尽くされ、それを池田先生が陰で支えてこられたか。そうした歴史を語られる時の先生の真剣な眼差しは、今も脳裏《のうり》に焼き付いています。

そして、池田先生の時代には、正本堂をはじめ全国に300を超える寺院を建立・

寄進するなど、計り知れない供養をし、宗門を外護《げご》されてきました。そのおかげで宗門は、仏法史上、未曽有《みぞう》の大興隆を遂《と》げたのです。それにもかかわらず、大恩ある学会、池田先生に対し、宗門は、供養を取るだけ取ったら、冷酷《れいこく》に切り捨ててきた。それは、大聖人の御遺命《ごゆいめい》の広宣流布の破壊であり、破和合僧《はわごうそう》の大謗法《だいほうぼう》です。ゆえに宗門は衰亡《すいぼう》したのです。

なお、最初に学会本部を建設する予定だった土地の近接地にあるのが、現在の「世界青年会館」です。そして同じ番地の場所に、「創価宝光会館」が完成しました。学会創立90周年という節目に、これまでの接遇センターに代わる施設として、全世界から創価の宝友が集い、福徳あふれる所願満足の人生に向けて出発する会館です。

弟子の誓いを確認する「4・2」に

――『人間革命』第12巻「寂光《じゃっこう》」の章には、戸田先生が逝去《せいきょ》の直前まで、宗門の実態を憂《うれ》い、池田先生に語られる場面が描かれています。

原田　あの「3・16」の式典と時を同じくして、後の宗門事件を彷彿《ほうふつ》させる暴力事件が勃発《ぼっぱつ》しました。

3月も末に迫ったある日、朝から酒に酔った所化頭《しょけがしら》が、勤行後に所化を怒鳴りつけ、頭に鈴を被せ、その上から鈴棒で殴《なぐ》ったのです。所化頭の所化いじめは、たびたび目撃されていました。また、学会員を見下す言動も目に余るものがありました。

これに対し、当時、登山会の一切の責任を担われていた池田先生が所化頭に、僧侶にあるまじき言動を改めるよう、真心を尽くして話されました。

3月29日の朝、事件の報告を池田先生から受けた戸田先生の様子が、『人間革命』に次の通りに記されています。

――戸田は、軽く目を閉じて伸一の報告を聞いていたが、聞き終わると、さも残念そうな表情で語り始めた。

「情けないことだな……。これは、小さな事のようだが、……宗門の腐敗《ふはい》、堕落《だらく》という、実に大きな問題をはらんでいるのだ。なぜ、堕落が始まり、腐敗していくのか……。それは、広宣流布という至上《しじょう》の目的に生きることを、忘れているからだ」（中略）

「……衣《ころも》の権威で、学会を奴隷《どれい》のように意のままに操《あやつ》り、支配しようとする法主も、出てくるかもしれぬ。……ことに、宗門の経済的な基盤が整い、金を持つようになれば、学会を切り捨てようとするにちがいない……」（中略）

「しかし……、日蓮大聖人の正法を滅ぼすようなことがあっては、断じてならない」

そして、戸田は、最後の力を振り絞るように叫んだ。

「そのために、宗門に巣くう邪悪とは、断固、戦え。……いいか、伸一。一歩も退いてはならんぞ。……追撃《ついげき》の手をゆるめるな！」――

これが、戸田先生の最後の指導であり、

愛弟子《まなでし》である池田先生への遺言《ゆいごん》となったのです。池田先生は、その言々句々《げんげんくく》を生命に焼き付けられ、「先生のお言葉、決して、忘れはいたしません」と誓われます。

それから4日後の4月2日、戸田先生は安祥《あんじょう》として霊山《りょうぜん》へと旅立たれます。

「宗門に巣くう邪悪とは、断固、戦え」「追撃の手をゆるめるな！」――私たちは、広宣流布に生涯を捧《ささ》げた戸田先生の、池田先生に対する遺訓《いくん》を命に刻んで進んでいきたい。

〈注〉**神本仏迹論《しんぽんぶっしゃくろん》**

仏と神の関係について、神が本地《ほんち》で、仏は神の垂迹《すいじゃく》（仮の姿）であるとする説。元来の「本地垂迹説」では、神の本地は仏であり、この世を救うために、仮に神の姿を現じた（仏本神迹）とする。〝仏が主、神が従〟こそ仏教の考え方である。これに対し、神本仏迹論は、あえて神道の論理にすり寄り、一切の宗教を国家神道のもとに統一しようとした軍部権力に屈服する邪説であった。

I部
正義と励ましの言論闘争㊦

師弟の道の「真実」を描く

障魔との戦いの中、全同志に勇気を！

――1977年（昭和52年）ごろから宗門僧による学会攻撃が始まり、第1次宗門事件が起こりました。79年、池田先生は会員を守るために、法華講総講頭を、さらに、第3代会長を辞任されます。その後、宗門と退転者らの謀略《ぼうりゃく》により、先生のことが聖教新聞で報じられなくなり、小説『人間革命』も、78年8月まで第10巻「展望」の章が連載された後、休載していました。

原田　先生と学会員との師弟の絆《きずな》の分断を企《たくら》んだ宗門側は、学会に対し、〝名誉会長は会合で指導してはいけない〟〝聖教新聞等でも指導を報道してはいけない〟などと理不尽な要求をしてきました。そして、池田先生の指導や動向が報道されない事態になったのです。ただし、海外の要人との会見報道までは、禁ずることはできませんでした。先生は、SGI会長として海外に行かれ、平和のために果敢な行動を開始されました。それが、聖教新聞に報道され、全同志に勇気を送ることになったのです。

80年4月29日、5度目の訪問となった中国から、先生は長崎空港に降り立たれます。当時の状況は『新・人間革命』第30巻「雄飛」の章にも詳《くわ》しく描かれています。帰国を報じる翌日の聖教新聞1面には「名誉会長は、長崎のあと福岡、関西、中部の会員の激励・指導に当たる予定になっている」と記されています。

名誉会長としての先生の動き、しかも、予定の記事が掲載されることは会長辞任以降、なかったことでした。全国の会員の皆さんは、この記事に驚くとともに、歓喜と感動が爆発しました。

そして、長崎支部結成22周年の記念幹部会、さらに福岡での指導を経て、関西、中部で勤行会等に出席。その様子が聖教新聞に掲載されました。まさに、長崎に降り立った時から、先生の「反転攻勢《はんてんこうせい》の助走」が始まったのです。

――この80年、先生は9月末からアメリカを訪問し、10月17日には歴史的な第1回SGI総会に出席されています。翌81年には、アメリカをはじめ、4度にわたって海外を訪問されています。

原田　先生は、訪問する先々で現地のメンバーを全力で励まされました。それは、海外から日本の同志に対して、日蓮大聖人の仏法こそが真に人々の幸福を確立し、社会の平和を築く大法であることや、広布に生き抜く創価の同志の使命の重大さを、発信し続ける戦いでした。

　実際、この頃、聖教新聞にはＳＧＩ会長としての先生の指導が連日のように、報道されています。

「私が指揮を執る」と反転攻勢を宣言

――アメリカを訪問されていた、81年の1月24日、弁護士であった反逆者の山崎正友が、学会への恐喝《きょうかつ》及び恐喝未遂《みすい》の容疑で逮捕されました（91年に懲役3年の実刑が確定）。

原田　この時、東京地検から事情聴取の要請があり、急遽《きゅうきょ》、先生は一時、帰国されることになりました。

「どうしても帰らなければならなくなってしまいました」「スーパーマンは正義のために一度日本に帰るけど、また再び戻ってきます」と、ユーモアを交えてアメリカの同志に説明されました。

　翌2月、アメリカに戻った先生は、北・中米へ。5月からはソ連（現ロシア）、ヨーロッパ、北米と、およそ半年で世界一周ともいえる平和旅を敢行《かんこう》されました。

10月31日、創価大学で先生は「歴史と人物を考察――迫害と人生」と題する講演をされ、「迫害こそ、むしろ仏法者の誉《ほま》れでありあります。人生の最高の錦《にしき》であると思っております。後世の歴史は、必ずや事の真実を厳しく審判していくであろうことを、この場をお借りりして断言しておきます」と宣言されたのです。私たちは、この講演を今再び、深く胸に刻んでいきたい。

そして、11月9日には四国指導を開始されます。

四国研修道場で行われた「香川の日」記念幹部会に出席した先生は「もう一度、指揮を執《と》らせていただきます！　これ以上、ご心配、ご苦労をおかけしたくない。私の心を知ってくださる方は、一緒に戦ってください！」と、集った同志に呼び掛けられたのです。この時に、青年と共に作られたのが「紅《くれない》の歌」です。

〝私が指揮を執る〟と宣言された四国の地から、先生の「本格的な反転大攻勢《はんてんだいこうせい》」が開始されたのです。

12月8日には第1次宗門事件の影響で嵐が吹き荒れていた大分を訪問し、同志を全魂《ぜんこん》込めて激励されます。

10日夜、大分の地で、後継の若人に対して長編詩「青年よ　21世紀の広布の山を登れ」を発表。この長編詩は、後に曲が付けられ、今では国内はもとより、世界中で歌われています。

暗闇を打ち破る「人間革命」連載

――80年7月、先生は約2年間休載されていた『人間革命』第11巻の執筆を「転《てん》機《き》」の章から開始されます。

原田　当時、ようやく聖教に先生の行動が報道されていましたが、『人間革命』の連載が途切れて久しく、多くの会員から「先生の指導が掲載されない日はさびしい」という声が寄せられていた時期でした。そうしたことを聞かれた先生は「いよいよ書き始めよう」と、ご決断されたのです。

連載を再開すれば、宗門側から攻撃されることは明らかな状況でした。憂慮《ゆうりょ》する記者に対して先生は、「そんな非難は、私が一身に受ければよい。私の身がどうなろうが、大切なのは学会員だ。苦しんでいる学会員を、どうやって励ましていくべきか。それが根本ではないか！」と、すさまじい気迫で語られました。

いよいよ『人間革命』の執筆を通して一人一人を励ましていこう、広布の新しい上げ潮をつくっていこう、という強いご決意であったと思います。

さらに、「転機」の章は週3回の連載でしたが、連日の掲載を希望する声が相次ぎ寄せられ、続く「波瀾《はらん》」の章からは毎日の掲載となりました。

当時の会員にとって、連載が再開されたこと、そして怒濤《どとう》の勢いで執筆されたことが、どれほど大きな喜びになったか、はかり知れません。まさに、会長辞任からの暗闇のような期間を打ち破り、太陽の光が差すようでした。

――「波瀾《はらん》」の章、「夕張《ゆうばり》」の章とつづられ、連載は80年11月まで続きます。その後、第2次宗門事件の渦中である91年（平成3年）5月3日、第11巻「大阪」の章から、完結へ向かって連載が再開されます。

原田　その前年（90年）に宗門は、嫉妬《しっと》に狂った日顕らが「C作戦」の謀略《ぼうりゃく》を企て、12月には先生を法華講総講頭から罷免《ひめん》しました。第2次宗門事件の勃発《ぼっぱつ》です。

そうした中で、先生は「いよいよもう一度、『人間革命』を執筆し、一番重要なところを書いていこう」と、およそ10年半ぶりに「大阪」の章から再び、連載を始められます。第1次宗門事件の時と同様、嵐の中での再開となりました。同章では、57年の「大阪事件」という、創価の師弟が権力の魔性との戦いに立ち向かう場面に踏み込まれていきました。

「大阪」の章には、夕張に向かう前の、戸田先生と山本伸一の語らいが回想として描かれています。

そこでは、戦時中、牧口先生が神札を受けることを拒否したことについて、戸田先生の言葉がつづられています。「（牧口）先生なくば、学会なくば、大聖人の御精神は、富士の清流は、途絶えたのだ。これは、どうしようもない事実だ。学会が、仏意仏勅《ぶっいぶっちょく》の団体であるゆえんもここにある」と。

また、同章では御書の「三沢抄《みさわしょう》」を通して、「第六天の魔王」の本質について戸田先生が語る場面が描かれています。

「最後は、第六天の魔王が、『権力者の身に入って、迫害を加え、信心をやめさせ、広宣流布の流れを閉ざしてみせる』と豪語《ごうご》しているんだよ」との恩師の言葉に託して、池田先生は、邪宗門《じゃしゅうもん》からの迫害に立ち向かう同志を鼓舞《こぶ》してくださったのです。

「生命の讃歌」を呼び起こす一書

――93年2月11日にブラジルの地で『人間革命』全12巻の完結を迎えてから、わずか半年後、先生は『新・人間革命』の執筆を長野で開始されます。


原田　その頃、先生は「今、私の頭は冴《さ》えわたっている。次から次へ満天の星の如《ごと》く、さまざまな構想が浮かんでくる。だから『新・人間革命』も書くよ」と言われていました。こうして、8月6日に執筆を開始されたのです。

「限りある命の時間との、壮絶な闘争となるにちがいない」と『新・人間革命』第1巻の「はじめに」につづられた通り、新たな時代を開くべく、先生ご自身が戦いを開始されました。執筆開始を発表された時点で、完結まで30巻を予定していることを述べられています。

それから25年、先生は三類《さんるい》の強敵《ごうてき》と戦い抜かれ、世界広布の指揮を執《と》られながら、全30巻を書き切ってくださいました。

まさに「『新・人間革命』の執筆をわが生涯の仕事と定め、後世のために、金剛《こんごう》なる師弟の道の『真実』を、そして、日蓮大聖人の仰《おお》せのままに『世界広宣流布』の理想に突き進む尊き仏子が織《お》りなす栄光の大《だい》絵巻《えまき》を、力の限り書きつづってゆく」との、ご決意のままの行動を貫かれたのです。弟子として、こんなにありがたいことはありません。

今、世界中の同志が『人間革命』『新・人間革命』を研さんし、師弟の精神を学び、そして実践しています。私も、世界各国を訪れるたびに、小説を学んだメンバーが先生の心に触れ、人生の蘇生劇《そせいげき》を演じる姿に出会います。先生は、そうした青年たちの頼もしい活躍と成長の姿を最大に喜ばれ、励ましを送り続けてくださっています。

世界の識者もまた、『新・人間革命』を学び、創価の人間主義の思想、人類を結ぶ民衆運動の歴史を学んでいます。賛嘆する声も世界中から寄せられています。

インドを代表する仏教学者ロケッシュ・チャンドラ博士は「『新・人間革命』は、『価値創造の人生』へ、魂《たましい》の翼を広げることを促《うなが》す『目覚めの一書』です。池田先生は人類の精神に、生命の讃歌《さんか》を呼び起こしているのです」と述べています。

先生が、私たちのために命懸けの言論《げんろん》闘争で書きつづってくださった〝師弟の一書〟を学び抜き、共々に広布にまい進してまいりましょう。

I部
どこまでも「一人」を大切に㊤

励ましは、常に「臨終只今《りんじゅうただいま》」の精神で

麗《うるわ》しい師弟の結合こそ、学会の強さ

――今回からは、日本国内はもとより、世界中で「一人」を大切にされた池田先生の励ましについて、伺いたいと思います。「学会がここまで発展してきたのは、なぜでしょうか?」とのある識者の質問に、先生は「一人を大切にしてきたからです」と答えられました。励ましについての先生のご指導で、心に残っていることを教えてください。

原田　青年部時代、「臨終只今《りんじゅうただいま》」の精神、すなわち「今、臨終を迎えても悔《く》いがない」との覚悟で激励するんだ、と教えていただいたことが忘れられません。1968年(昭和43年)のある会合後、青年部の代表と懇談の機会を設けてくださったことがあります。

先生は「その人とは、もう二度と会えないかもしれない。そう思って、では、〝どう激励するのか〟〝どのように、その人の心に感動を与えていくのか〟を考えていくんだ」と言われました。

そして「私は常に『臨終只今《りんじゅうただいま》』の精神で人と接し、人を激励してきた。君たちも、青年部として、こういう精神でメンバーを励ましていかなければならないよ」と、学会の精神を打ち込んでくださったのです。

まさに先生は、全生命を分かち与えるような思いで、「一人」への励ましに徹してこられました。

それは、直接語り合われた人だけではありません。目に入った人、耳にした人に対しても、伝言を託したり、揮毫《きごう》を贈られたりと、あらゆる方法で、素早く激励してこられました。

先生は、こうした励ましを、全国、全世界、どこへ行っても、一年365日、来る日も来る日も、一瞬一瞬、全力で続けてこられたのです。

先生、八戸《はちのへ》にも来てください!

――原田会長は長年、先生の激励行を間近で見てこられました。その中で、印象的な出来事をお聞かせください。

原田　先生は、誰もが聞き漏《も》らしてしまうような、小さな声を大切にされます。

71年6月13日、青森総合本部の記念撮影会（青森市の青森山田高校の体育館）では、こんな一コマがありました。

この日、先生は、正午過ぎから約3時間にわたり、合計12回、およそ3000人の同志との記念撮影に臨みました。

撮影終了後には、音楽隊や鼓笛隊などによるアトラクションを観賞されました。

そして会場を後にされようとしたその時です。一人の少女が真剣な眼差しで言いました。

「先生！　八戸にも来てください！」

すると、先生は、すかさず「よし、分かったよ」と応じられたのです。

翌14日は青森を発ち、真っすぐに宮城へ移動する予定になっていましたが、先生は急きょ、変更し、八戸への訪問を決められたのです。

それが現地の皆さんに伝えられたのは深夜のことでした。

八戸会館（当時）には、250人ほどの同志が待っていました。10年ぶりに実現した思いがけない来訪に、皆の喜びは、ひとしおでした。

一人の少女の声から、大きな歓喜が生まれた瞬間です。

当時、ある全国紙の記者が、先生に同行して取材に当たっており、この「青森の記念撮影」の感動を、後日、聖教新聞に寄稿しています。

その末尾は、先生と少女の〝一瞬の会話〟に触《ふ》れながら、こう結ばれています。「小さな約束が、ここでは大切にされている」

この記者は、13日の記念撮影会の取材を終え、帰京していました。先生が、少女との約束を即座に実現させたことを後で知り、感銘を受けたのでしょう。

〝小さな約束を大切にする〟――この言葉は、先生の信念そのものであると、感じてなりません。

17年前の約束を果たしに来たよ

――小説『新・人間革命』第26巻「厚田《あつた》」の章には、77年に、厚田村（当時）を訪問した先生が、食料・雑貨店を営む夫妻との「17年前の約束」を果たされた場面が描かれています。

原田　当時、北海道を担当していた私は、その場に同行させていただきました。

先生が、この店を訪ねると、夫妻は突然の出来事に驚きを隠《かく》せませんでした。

先生は訪問するや、「17年前の約束を果たしに来ましたよ」と言われましたが、夫妻はキョトンとするばかりでした。

実は、先生は60年の会長就任後、戸田先生の故郷である厚田村を訪問された折、この夫妻に「いつか、お宅に伺います」と、約束されていたのです。

先生は、その約束を覚えておられました。そして「このお店の物を、全部、買おうと

思って、お小遣いを貯《た》めてきたんです」と
ユーモアを込めて語り、店内に並べられた
商品を次々と購入されました。
その先生の姿に、夫妻は感無量《かんむりょう》の面持ち
でした。
「厚田」の章には、こうつづられています。
「人の信頼を勝ち取るための最大の要件
は、約束を忘れず、必ず果たしていくこと
だ。たとえ、相手が忘れていたとしても、
それを守っていくことによって、自分の生
き方、信念、人格が確立されていくのであ
る」
先生の励ましは、決して、その場限りで
はありません。
「一瞬の出会い」を永遠に刻む思いで、
折あるごとに心を砕《くだ》き続け、無数の同志の
「蘇生《そせい》のドラマ」を生み出してきたのです。
学会の強さとは、この先生と同志の魂の
結合にあります。
そのことを、私たちは生命に深く刻んで
まいりたい。

私の笑顔を見てもらいたくて

――どこまでも一人を大切にされる先生
の思いやりにあふれた行動は、会員に限ら
ず、誰に対しても、常に変わらないように
思います。

原田　先生は、会員であってもなくても、
一国の指導者であれ、庶民であれ、目の前
の「一人」の幸福を祈り念じて、敬意と真
心をもって、励ましを送り続けてこられま

した。

先生のご友人の一人に、中日友好協会の副会長を務めた、黄世明《こうせいめい》さんがいます。毛《もう》沢東《たくとう》主席、周恩来《しゅうおんらい》総理ら歴代の指導者の日本語通訳を務め、日中の政治、文化など各界の友好交流に貢献された方です。

先生は初訪中（74年）以来、両国の万代の友好への語らいを重ねてきました。鄧《とう》小平《しょうへい》副総理、周総理夫人の鄧穎超《とうえいちょう》氏など国家の要人と先生の会見の通訳を務めたのも黄さんです。その実力は国内トップクラスで、先生も常々、絶賛されていました。

その黄さんが、重い病《やまい》に倒れます。先生は1992年（平成4年）10月、第8次訪中で北京に滞在していた時、病床にあった黄さんに、お見舞いの和歌を贈りました。


「祈るらむ　また祈るらむ　大兄《たいけい》の　偉大な笑顔が　帰るその日を」


その後、黄さんは、見事に病を克服されます。

そして94年9月、ご夫妻で来日し、先生のもとを訪ねたのです。黄さんが、先生に「私の笑顔を見てもらいたくて……」と感慨深く語る姿に、感動を禁じ得ませんでした。

黄さんは先生から頂いた、この和歌を、病室に置き、大切にされていたのです。

先生も大変、喜ばれて、黄さんに再び和歌を詠《よ》まれました。


「あまりにも　うれしき笑顔の　君来たる　夫婦の幸《さち》は　三世《さんぜ》に薫《かお》れと」

実はこの時は、私的な訪問ということで

あり、当時の聖教新聞では、訪問の背景についていて、あえて触れていません。

そして2000年4月、黄さんが、中日友好協会の代表団の団長として、公的に来日し、先生と会談された時のことです。

「池田先生！　私は笑顔で帰ってきました！」

開口一番、黄さんが語ると、先生は「お元気で何よりです。お会いできて光栄です！」と言われました。

黄さんは、92年に頂いた和歌が「私にとって大きな励みになりました。そして今、こうして笑顔で、先生に再びお会いすることができたのです。本当にうれしく思います！」と語っていました。

その瞬間、同席者も皆、笑顔になり、大拍手がわき起こりました。

お二人の友情は、まるで家族のような、無二の親友のような麗《うるわ》しいものでありました。

このように先生は、大誠実の人間外交で、日中に〝金《きん》の橋《はし》〟を築いてこられたのです。

――先生は、日蓮大聖人が仰《おお》せの、法華経に説《と》かれた「当《まさ》に起《た》って遠《とお》く迎《むか》うべきこと、当に仏を敬《うやま》うが如《ごと》くすべし」との経文を、そのまま実践されていることを実感します。

原田　まさに、この経文こそが、先生の信念であり、哲学です。法華経では本来、万人に「仏」の生命が具《そなわ》わっていると説いています。ゆえに「仏」を敬《うやま》うがごとく、すべての人を大切にする。それが仏法者の生き方であり、人間主義の哲学の根幹をなすものです。

どこまでも「一人」を大切に――それは口先ではありません。真心であり、「行動」です。

御書には「日蓮は、この法門を語ってきたので、他の人と比較にならないほど、多くの人に会ってきた」（1418ジ゛ー、通解）と仰《おお》せです。先生は、平和のため、未来の社会のため、幾《いく》千人以上に及ぶ指導者、識者、学術者らと対話を重ね、さらに、日本中、世界中の数限りない同志を励まし、希望の光を送ってこられました。

こうした先生の「行動」によって、今日の学会の世界的な発展があることを、ゆめゆめ忘れてはなりません。

私たちは、先生の心をわが心として、今いる場所で、励ましの輪を大きく広げていきたいと思います。

一枚の写真が無限の勇気と希望に

撮影会は、師弟の無言の誓いの場

――世界は、新型コロナウイルスの感染拡大という未曽有《みぞう》の危機に襲われています。池田先生は2020年4月2日付の「新時代を築く」で、「『変毒為薬《へんどくいやく》』という希望と蘇生《そせい》の哲理が、何ものにも負けない世界市民の不屈のネットワークを、いやまして強めゆくことを、私は願う」とつづられています。日本では東日本大震災（2011年〈平成23年〉3月11日）という大災害がありましたが、今もまた力を合わせて、試練に立ち向かう時だと思います。

原田　あの大震災の時、先生は〝電光石《でんこうせっ》火《か》〟で、お見舞いを伝えられました。「妙《みょう》とは蘇生《そせい》の義《ぎ》なり」（御書947ジペー）との御聖訓を拝し、「今こそ不屈の信力《しんりき》、行力《ぎょうりき》を奮い起こし、偉大なる仏力《ぶつりき》、法力《ほうりき》を湧《わ》き出しながら、この苦難を、断じて乗り越えていこうではありませんか」と、東北をはじめ全国の同志に呼び掛けられたのです。

直後の16日付の聖教新聞では、災害に遭《あ》っても「心を壊《やぶ》る能《あた》わず（＝心は壊せない）」（御書65ジペー）と示されていることを通し、『心の財』だけは絶対に壊されません」と最大の励ましを送ってくださいました。

当時、東京から宮城へは、線路も道路も空路も寸断《すんだん》されていました。私が17日に山形経由で現地に向かう旨を報告した際にも、「いかに深い悲しみや苦しみにあっても、絶対に負けない。妙法を唱え、妙法とともに生き抜く、わが生命それ自体が、金剛《こんごう》にして不壊《ふえ》の仏だからであります」とのメッセージを託してくださいました。

このメッセージを携え、仙台市の若林平和会館を訪れた折には、会員の方のみならず、町会長や婦人会長をはじめ近隣の町会の方も避難されていました。その中の多くの方々が、先生のメッセージや学会員の献身の行動に触《ふ》れて感動し、理解を深めたという後日談もありました。

――被災地にある学会の会館は一時的な避難所として開放され、約5000人の方々を受け入れました。若林平和会館の模様は、米CNNテレビのニュースでも放映されました。自《みずか》らが被災しながらも、地域の人のために尽くす学会員の姿は大きな共感を呼びました。

原田　25日の夜には、先生自ら韮沢東北長（当時）に直接電話をされ、「韮沢君、元気か」と声を掛けられ、「しっかり題目をあげて、東北に大勝利の歴史を残しなさい」と呼び掛けられました。先生の真心が、苦境の中で、どれほどの支えになったことか。皆が、「先生の言葉によって、『何としても乗り越えてみせる！』と前を向くことができました」と語っていました。

先生は、「最も大きな難を受けた東北が、最も勝ち栄えていくことこそが、広宣流布の総仕上げだ」と励まされました。その通りに東北の同志は頑張り、「未来までの物語」となる歴史を残されました。私たちも今こそ、不屈の信力と行力で立ち上がっていきたいと思います。

手は次第に赤く腫《は》れ、痛み始めた

――女子部のお宅で、ご両親やご家族と、先生が、記念撮影をされている写真を目にする機会があります。先生がどれほど大勢の同志の方々に、勇気と希望を送ってくださっているのかと、いつも感動します。

原田　記念撮影会の淵源《えんげん》は、1965年（昭和40年）1月18日にさかのぼります。鳥取・米子での地区部長会に出席された先生は、記念の写真に納まり、170人の参加者全員と握手をされました。当時、私は聖教新聞社の職員になって1年目で、先生に随行した先輩の記者から握手の話を聞き、〝先生は本当にすごい戦いをされている〟と深く感動したことを鮮明に覚えています。

3月22日、宮城・仙台では600人ほどの参加者全員と握手をされました。小説『新・人間革命』（第10巻「言論城」の章）に当時のことが記されています。

「〝皆の手は、仏の手〟と確信し、握手を交わす彼の胸には、同志への尊敬と感謝の、熱い鼓動が脈打っていた。だが、伸一の手は、次第に赤く腫《は》れ、痛み始めた。それでも彼は、毅然《きぜん》として、励ましの声をかけながら、握手を続けた」

8日後の30日に行われた長野本部の地区部長会の折も、先生の手の痛みは引いていませんでした。その時は、私も記者として取材に当たっていました。そこで先生は、握手に代わる激励方法として、記念撮影をしようと考えられたのです。

――「随筆」には、記念撮影を始めた理由を次のようにつづられています。「できうるならば、全国の地区の柱として立つ、壮年・婦人・男子・女子・学生の中心者の方々全員と握手をして、励ましたい。しかし、それは、時間的にも次第に困難になっていった。そこで智慧《ちえ》を絞《しぼ》り、せめてもの思いで発案したのが、記念撮影会であった」

原田　65年は、先生の会長就任5周年の節目でもありました。そこで、皆と共に新出発を期すため、4月16日の東京第1本部の地区部長会を皮切りに、本格的な記念撮影会が行われるようになったのです。

実は今回、これまで何人の方と先生が記念のカメラに納まったのかを、聖教新聞社のメンバーが可能な範囲で調べてくれました。

本社に保存されていた写真と記録を数えてみたところ、記念撮影会が始まった65年から73年までの8年3カ月だけで、少なくとも延べ71万8550人に及《およ》ぶことが分かりました。「数えるだけでも大変な時間と労力を要します。池田先生が一人一人を大切にされていることを感じ、心が震えました」と、調べたメンバーも語っていました。

この期間だけで「百万人以上に及ぶと思います」と言うかつての聖教記者もいます。

ともあれ、先生と写真に納まった一人一人にとっては、自身の信心の原点として生涯残るものであり、その反響はとても大きなものがありました。

この記念撮影会について、日本写真家協会の会長を務められた三木淳氏の言葉が、『新・人間革命』（第15巻「開花」の章）につづられています。

――透徹《とうてつ》した写真家の眼には、偽善《ぎぜん》か真心か、保身か献身かを、鋭く見抜く力がある。体当たりするかのように、会員のなかに入り、励ましを送り続ける伸一の姿に、三木は、慈悲《じひ》という仏法の精神を見る思いがしたという。（中略）最高の宝でも披露《ひろう》するように、誇らしそうに笑みを浮かべ、以前に伸一と一緒に撮った写真を見せる会員もいた。困難に直面するたびに、その写真を取り出して眺《なが》め、自《みずか》らを鼓舞《こぶ》し、苦境を乗り越えてきたという会員もいた。（中略）その彼（三木＝編集部注）が、ある時、自身の思いを、率直に伸一にぶつけた。「先生！これから先も、ぜひ、会員の皆さんとの記念撮影を続けてください。その一枚の写真が、どれだけ皆に勇気を与え、希望をもたらしているか、計り知れません」――

三木氏は当時、写真集発刊のために、先生を追って、さまざまな会合に参加し、地方指導にも同行していたのです。

同じく当時、同行していた、ある全国紙の記者に、先生は「記念撮影は同志との無言の誓いですからね。いい加減な気持ちでは一緒に座れません」と言われ、「疲れませんか」との問いには、「後でクタクタになりますが、撮影中は真剣ですからね。疲れたなんていってられませんよ」とも答えられています。

記念撮影会は、先生と一人一人の同志との〝無言の誓い〟の場であり、〝師弟共戦の旅立ち〟の舞台となったのです。

月天子よ、我が友を見守りゆけ

――先生が写真を撮り始められるようになった当時のことを教えてください。

原田　69年の暮れ頃から70年初頭にかけ

写真を撮影される池田先生。その体を支える香峯子夫人
(2000年2月、香港)

て、先生が体調を崩《くず》されていたことは、先日申し上げました。そんな時、ある企業の社長の方から、〃お見舞いに〃ということでカメラを頂いたのです。

71年6月に北海道の大沼に行かれ、湖畔を車で回っていた際、あまりにも月がきれいでしたので、そのカメラで写真を撮《と》られました。そこが始まりです。

月の撮影というのは非常に難しく、少しでも手振れしてしまうと美しく撮れません。『新・人間革命』(第15巻「開花」の章)にも描かれていますが、車のエンジンを止め、聖教のカメラマンのアドバイスを受け、車の窓枠に両肘《りょうひじ》をつけながら固定をして撮影されたのです。さらに車から降りて、三脚を使っても撮られました。

その後、箱根研修所（現・神奈川研修道場）で嵐の翌日の月の写真を撮影されるなど、折あるごとに月を写され、その中から16枚を集めて、『写真集・月』を発刊されました。その写真集を、カメラをくださった社長に、「おかげさまで、このように元気になりました」と言いながら届けられたのです。

先生は初めて月を撮影された時の心情を、「〝日夜、戦っている学会員の皆様が、この月の光に照らされ、英知輝く人になってほしい。名月天子《みょうがってんし》よ、我が友を見守ってくれ〟との願いを込めて、シャッターを切りました」と述べておられます。

また、「雲の井《い》に　月こそ見んと　願いてし　アジアの民《たみ》に　日《ひかり》をぞ送らん」「いざ往《ゆ》かん　月氏《がっし》の果《はて》まで　妙法を　拡《ひろ》むる旅に　心勇《いさ》みて」と詠《よ》まれた戸田先生に思いをはせてのことだとも思います。

池田先生は「写真は撮影者の心の投影であり、被写体を借りて写し出された、自身の生命の姿といってよい」と言われています。先生にとって、写真を撮影することは、同志への励まし以外の何ものでもないのです。

――先生は、雄大な空や、華やかに咲き競う季節の花々、さらに鉄塔の電線や石垣、道端の雑草や路面など、日常の風景も撮影されています。

原田　多くの人が見過ごしてしまうような路傍《ろぼう》の花にも心をとどめ、被写体にし、その美しさや魅力《みりょく》を引き出そうとされています。そこには、仏法者としての先生ならではの視点があるように思います。

著名な写真家の吉田潤氏は、先生の写真を「寸写心眼《すんしゃしんがん》」と評されました。「一寸の動きを写す心の眼」と表現されたのです。

フランスの美術史家のルネ・ユイグ氏は、「こんなに芸術的な写真は初めて見た」と言われ、自身が館長を務める、パリのジャックマール・アンドレ美術館で写真展を開催しました。先生の写真展が海外で開かれたのは、これが初めてでした。

学会の会館には今、先生が撮られた写真が額装《がくそう》して飾られています。学会の会館は、平和と文化を発信する地でもあります。そこで皆さまからの要望もあり、先生の許可を得て、写真を飾っているのです。

現在、聖教新聞では「四季の励まし」が連載されています。先生は今もカメラを通し、多くの人に語り掛け、勇気と希望を送ってくださっているのです。

Ⅱ部

地球を照らす 創価の平和運動㊤

恩師の構想をすべて実現

地涌《じゆ》の使命を自覚した師弟の出会い

――2020年はSGIの発足から45周年です。今回からは創価学会とSGIの平和運動について伺います。その源流は、第2次世界大戦中、軍部政府の弾圧に抗《こう》して、身命を賭《と》して戦われた牧口先生、そして戸田先生の獄中《ごくちゅう》闘争にあると思います。

原田　日蓮大聖人の仏法が、「絶対平和」主義の思想であることは言うまでもありません。立正安国論の「汝須《なんじすべから》く一身《いっしん》の安堵《あんど》を思わば先《ま》ず四表《しひょう》の静謐《せいひつ》を禱《いの》らん者か」（御書31ジ《ペー》）との御聖訓《ごせいくん》には、恒久平和、社会の安穏《あんのん》という日蓮仏法の根本目的が明確に示されていると思います。その大聖人の御精神を実践してきたのが創価学会です。

戦時中の国家神道による思想統制下にあって、宗門は軍部政府の弾圧を恐れ、「学会も一応、神札を受けるようにしてはどうか」と言い出しました。しかし、牧口先生はそれを断固として拒否されました。

宗門が保身のために神札を受け、大聖人の御精神に違背《いはい》する一方、牧口・戸田両先生は正法正義《しょうほうしょうぎ》を守り抜き、1943年（昭和18年）7月6日、治安維持法違反《ちあんいじほういはん》と不敬罪《ふけいざい》の容疑で逮捕・投獄されます。そして牧口先生は厳しい取り調べの中でも、最後まで仏法の正義を訴え抜かれ、翌年の11月18日に獄死《ごくし》されたのです。

――尋問調書《じんもんちょうしょ》には、牧口先生が獄中にあっても、大聖人の正義を堂々と叫ばれていたことが、厳然と残されています。

原田　この死身弘法《ししんぐほう》の闘争こそが学会の原点であり、平和運動の源流にほかなりません。

国家権力による学会への弾圧という歴史を踏まえ、小説『新・人間革命』第30巻「誓願」の章には、「思想・信教の自由は、本来、人間に等しく与えられた権利であり、この人権を守り貫くことこそ、平和の基《もとい》である」とつづられています。

2019年11月で、牧口先生の殉教《じゅんきょう》から満75年となりました。

池田先生はかつて、「（牧口）先生に呼び

出された『地涌《じゆ》の菩薩《ぼさつ》』の陣列である我らは、この創価の正義と勝利の誇り高き魂の襷《たすき》を、永久に受け継いでいくことを、ここに固く誓い合おうではありませんか!」と呼び掛けられています。

今再び私たちは、その決意も新たに前進してまいりたい。

「二度と同じ愚《ぐ》を繰り返すな」

——生きて牢獄《ろうごく》を出られた戸田先生は、戦後の荒野に一人立ち、「平和」と「民衆の幸福」のために広布の戦いを開始されました。1952年2月には、「地球民族主義」を提唱。そして横浜・三ツ沢の競技場での「原水爆禁止宣言」は、生命尊厳の仏法の精神を世界に広げゆく青年への「遺訓《いくん》の第一」となりました。

原田 「原水爆禁止宣言」が発表された57年9月8日、当時、高校生だった私も、その場に参加させていただきました。戸田先生の〝師子吼《ししく》〟は、今も胸に刻まれています。

この宣言については、池田先生が小説『人間革命』第12巻「宣言」の章の中で、詳しくつづられています。

実は、「原水爆禁止宣言」に至るまで、戸田先生は世界の核軍拡競争を強く憂慮《ゆうりょ》され、入念に思索を重ねられていました。

48年の東京裁判で、A級戦犯のうち東条英機ら7人が絞首刑《こうしゅけい》の判決を受けた時には、「死刑は絶対によくない。無期が妥当だろう。もう一つは、原子爆弾を落とした者も、同罪であるべきだ」と述べられています。

55年秋には、第1回の大阪・堺支部総会で「核兵器全廃を訴えていくことが、唯一の被爆国たる日本の使命」と主張。翌56年には、週刊誌のインタビューで〝怖いのは原子爆弾だ。ロシアにもアメリカにも、これを絶対、落とさせないというのが私の考え〟と語られています。

さらに同年6月には、九州の会合に出席され、八幡市（現・北九州市）では「原爆などを使う人間は最大の悪人だ！」、福岡市では「二度と同じ愚《ぐ》を繰り返すな！」と叫ばれました。

そして、宣言の2カ月前となる7月には、雑誌での対談で「原子爆弾だけは許せん」と、重ねて強い憤《いきどお》りを表されていたのです。

その背景には、当時の米ソを中心とする核軍拡競争の激化があり、核保有を正当化する核抑止論が、それを支えていました。

核抑止論というのは、核兵器を使用すれば、相手国も核兵器によって報復し、壊滅的な被害をもたらすので、使用を思いとどまる――つまり、恐怖によって平和が維持されるという〝悪魔的思考〟です。

また、イデオロギーに偏《へん》して、アメリカの原水爆は悪いが、ソ連の原水爆は良いとする主張もありました。

戸田先生は、そうした考え方を根本から打ち破り、〝人間は等しく尊厳無比《そんげんむひ》なる存在である〟という仏法哲理に基《もと》づいたメッセージを表明しなければならないと、お考えになっていたのでしょう。それが、「原水爆禁止宣言」に結実し、核廃絶への道のりを、次代を担う青年に託されたのです。

――「われわれ世界の民衆は、生存の権利をもっております。その権利をおびやかすものは、これ魔ものであり、サタンであり、怪物であります」

「原水爆禁止宣言」の中で、仏法の生命尊厳の哲理をもとに発せられた戸田先生の、この力強い叫びは、時を経た今も、私たちの生命に深く響きます。

原田　戸田先生は宣言の中で「もし原水爆を、いずこの国であろうと、それが勝っても負けても、それを使用したものは、ことごとく死刑にすべきである」と断言されました。

無論、ここでいう「死刑」とは、制度としての「死刑」を肯定したことではありません。核兵器がそれほどまでに〝絶対悪〟であることを明確にし、強く警鐘《けいしょう》を鳴らす意味で言われているのです。

そして宣言の結びには、〝願わくは、きょうの私の第1回の声明を、全世界に広めてもらいたいことを切望《せつぼう》する〟と訴えられました。

戸田先生の宣言は、核兵器を生んだ「生命の魔性」という〝見えざる敵〟との妥協なき闘争宣言であったのです。

この時の池田先生の真情は、「宣言」の

章の中でつづられています。

「彼は、この師の遺訓《いくん》を、必ず果たさなければならないと、自《みずか》らに言い聞かせた。そして、戸田の思想を、いかにして全世界に浸透させていくかを、彼は、この時から、真剣に模索し始めたのである」と。

戸田先生が、全人類の平和と幸福の実現を願い、訴えられた遺訓を、誰よりも真正面から受け止め、行動してこられたのが池田先生なのです。

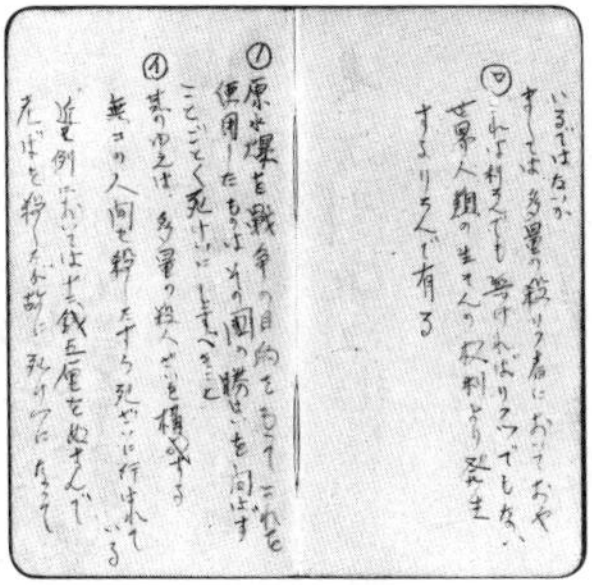

宣言の草案が記された戸田先生のメモ。「原水爆を戦争の目的をもってこれを使用したものはその国の勝はいを問はずことごとく死けいに」と

――宣言の後、戸田先生のお体は目に見えて衰弱されていきました。それでも、宣言から2カ月後となる11月には、敢然と被爆地・広島への指導を断行しようとされます。

原田　出発前日、恩師のお体が衰弱されていたのをご存じの池田先生は、学会本部の応接間のソファに横たわっていた戸田先生に、必死に広島行きの中止を進言されます。戸田先生はゆっくり体を起こし、力を振り絞って語られました。
「御本尊様のお使いとして、一度、決め

たことをやめられるか！　男子として、死んでも行く。これが、大作、真実の信心ではないか！」と。

しかし翌日、戸田先生の病状は歩行もできないほど悪化し、広島指導は断念せざるをえなくなりました。

池田先生は随筆につづられています。「生命を賭《と》して、広島行きを望まれた、あの師の気迫は、生涯、わが胸から消えることはない。いな、それが、私の行動の原点になった」と。

この時から1カ月後、戸田先生の生涯の願業であった「75万世帯」の弘教が成就。翌年3月16日に、広宣流布の記念式典が行われ、恩師は池田先生に後事の一切を託され、4月2日に逝去《せいきょ》されます。

そして、恩師の遺訓《いくん》を受けた池田先生は、早くも会長就任5カ月後の60年10月2日から「世界広宣流布」即「世界平和」への旅を開始されるのです。

求心力の中心が師弟不二の精神

――今日の192カ国・地域に広がる創価の平和の連帯が、そこから始まったことを思うと、池田先生の不屈の闘争に感謝の思いは尽きません。

原田　先生は、72年11月の第35回本部総会の折、「人類の生存の権利を守る運動」を青年部に期待されました。翌73年の元日には、先生が各部の部長会に出席され、青年部の活動について協議をされます。

そこで、当時の男子部長が先生に、「『広布第二章』を迎えて、学会は社会に開かれた多角的な運動を展開していくことになりますが、その際、心すべきことはなんでしょうか」と質問します。すると先生は「師弟の道を歩めということです」と答えられ、次のように指導されました。

「仏法を社会に大きく開いた運動を展開するというのは、これは円運動でいえば遠心力だ。その遠心力が強くなればなるほど、仏法への強い求心力が必要になる。この求心力の中心こそが、師弟不二の精神だ」

先生は社会運動に取り組むといっても、その底流に脈打つ、牧口初代会長から始まる峻厳《しゅんげん》なる〝広布の精神〟〝創価の魂〟を断じて忘れてはいけないと、信心の基本を打ち込んでくださったのです。

その重要な指針を胸に、青年部は翌2月に「生存の権利を守る青年部アピール」を採択。その中の一つが、「核兵器および一切の軍備を地球上から消滅させ、一切の戦争を廃絶する」ことでした。そのための運動の一つとして青年部が自発的に始めたのが、核廃絶のための署名運動です。

――歴史をひもとくと、この頃から世界の核開発競争は過熱しようとしていました。74年には、インドが地下核実験に成功し、パキスタンも核開発中と伝えられていました。

原田　米ソの核の能力も年々増大し、地球そのものが〝火薬庫化〟しつつありました。

　そうした中で、この署名運動が大きなうねりとなり、最終的に1000万以上もの賛同を得る、学会の平和運動としても時代を画《かく》した歴史的取り組みとなりました。

　とはいえ、集まった署名をどうやって国連に届けるか、当時の青年部は頭を悩ませていました。すると、青年たちの運動を見守っていた先生が、その総仕上げとして、署名簿を国連訪問の折に提出してくださることになったのです。

　当時、先生がその真情を語ってくださいました。

「弟子のやってきたことに、画竜《がりょう》に点睛《てんせい》を入れてあげたい。それが師匠の戦いである。代表の署名簿だけでも国連に届けてあげたい」と。

　75年1月の国連訪問の際には私も同行させていただきましたが、先生は直接、国連事務総長に署名簿を手渡されました（10日）。それは、SGIが発足する約2週間前のことです。弟子を思う師匠の慈愛に、当時の青年部の喜びは大きく、ただただ感動と感謝でいっぱいでした。

　その後も、新時代の「平和社会」の構築へ、青年の挑戦は続いていくのです。

「国連平和賞」「国連栄誉表彰」等を受賞

Ⅱ部
地球を照らす
創価の平和運動㊥

世界が創価の
師弟の闘争を賞讃

――前回、池田先生が1975年（昭和50年）1月にニューヨークの国連本部を訪問され、国連事務総長に青年部が進めた「核廃絶一千万署名簿」を提出された話を伺いました。この折、先生は、「国連を守る世界市民の会」の創設を提唱されています。

原田　なぜ先生が国連支援を貫かれているのか。それは、戸田先生の遺言《ゆいごん》の一つでもあるからです。

戸田先生は生前、語られていました。「国連は、20世紀の英知の結晶である。この希望の砦《とりで》を、次の世紀へ断じて守り抜き、大

き く育てていかねばならない」と。

池田先生の行動は、こうした恩師の構想を実現するためのものでもありました。

82年6月には、国連本部の総会議場のロビーで「核兵器――現代世界の脅威《きょうい》」展が開かれました。開催の背景には、その前年夏に行われた池田先生と国連の明石康事務次長（当時）との会見があります。お二人は意見交換を重ねる中で、国連本部での開催の着想を育まれたのです。

〝核の脅威展〟を170万人が観賞

――同展は、第2回国連軍縮特別総会の開会に合わせて、学会と国連広報局、広島市、長崎市の共催で行われています。

原田 学会側は、当時の青年部を中心に、原案の作成に取り掛かりました。最大の難関は、その原案が国連の展示委員会の厳格な審査を通過するか否《いな》かでした。

展示の意義の第一は、広島・長崎の被爆の実態を、国連で初めて展示できるということです。過去に、広島市と長崎市が〝原爆写真展〟の開催を国連に申し入れたことがありましたが、実現できませんでした。

国連は、各国の利害の着地点を見つける「調整役」とならざるを得ない現実があるだけに、展示委員会でも各国への配慮は大変なものがありました。明石事務次長からは、「3分の2はカットされることを覚悟して、はじめから十分な量の準備を」と要請されるほどでした。

学会は約3カ月間、多くの学者やジャーナリスト、平和運動家、国連関係者などから貴重な示唆《しさ》を得ながら、万全を期して原案を作成しました。展示は3部構成で、広島・長崎の惨状だけでなく、核の脅威と軍縮を強く訴える内容となりました。

学会の代表は原案を携《たずさ》えてニューヨークへ行き、明石事務次長に提出。そして約1カ月間、展示委員会からの修正を加え、再提出を繰り返しました。

最終的には、〝許可されないのではないか〟と、一番懸念されていた広島・長崎の被爆の実態についての部分だけは、1カ所も削《けず》られることなく承認されたのです。

――〝核の脅威展〟は、第2回国連軍縮特別総会の期間中、約1カ月間、国連本部のロビーで行われました。当時のデクエヤル国連事務総長をはじめ、国連関係者やNGO関係者、総会に参加した各国大使ら、さらに20万人を超える世界の人々が見学に訪れ、大反響を呼んだと聞いています。

原田　当時、国連は強い緊張感に包まれていました。イギリスとアルゼンチンによるフォークランド紛争が勃発《ぼっぱつ》し、開会式の日も、安全保障理事会での協議が続いていたのです。

そうした多忙を極める中、デクエヤル事務総長が訪れ、予定していた「5分」の見学時間が「30分」に延びるほど、丹念に展示を見学されました。そして、興奮した面持ちで語られたのです。

「この展示を、総会期間中に集まる世界各国の大使、公使、外交官に全部、見せるようにしたい。充実した内容は、ぜひ何らかの形で小冊子にして配ってほしい。今回の展示に対する創価学会の貢献に感謝します！」と。

なお、デクエヤル事務総長は、その2カ月後の8月に来日された折に池田先生と会見され、その後も交流を重ねられました。

――この〝核の脅威展〟は、「世界軍縮キャンペーン」の採択に大きなインパクトを与えたと高い評価を得ました。

原田　キャンペーンの一環として、同展は第3回国連軍縮特別総会（88年5月31日開幕）まで世界を巡回しました。核保有国はもとより、イデオロギーや社会体制の異なる各国でも展示され、核軍縮・廃絶への世論を喚起《かんき》したのです。

96年（平成8年）6月からは、「冷戦後」の時代状況に即して内容を一新し、「核兵器――人類への脅威」展として再開。合わせて、世界24カ国39都市で170万人に観賞され、学会が平和意識の啓発に大きな役割を果たしていったのです。

――こうした活動を国連も高く評価し、池田先生に「国連平和賞」（83年）が贈られています。また先生は、「国連栄誉表彰」（88年）、「平和貢献・国連事務総長表彰」

（89年）などを受けられています。

原田　89年には、スイスのジュネーブで国連難民高等弁務官事務所の「人道賞」も先生に贈られました。これは、先生のリーダーシップにより、学会が長年、難民救援活動を続けてきたことをたたえたものです。

その折、先生は、あいさつの中で、「仏法者は即《すなわ》ち人道主義者でなければならない。ゆえに私は仏法者として、平和のために、人道問題のために尽くしていきたいと決意し、抽象論でなく、具体的に行動してきたつもりです」「現代世界の直面しているさまざまな問題解決へ更に力を尽くしていく所存です」と述べられました。

また受賞後には、「今回の『人道賞』は、私個人に与えられたものではない。これは、学会の平和委員会の活動と連動し、青年部が仏法者として進めてきた献身的な人道活動の結実であり、私どもの活動に対する一つの世界的な評価と受けとめたい」とも語ってくださっています。

――先生は〝世界最古の総合大学〟と呼ばれるイタリア・ボローニャ大学での講演（94年）でも、国連の存在が極めて重要であると強調されました。

原田　「レオナルドの眼と人類の議会――国連の未来についての考察《こうさつ》」と題する記念講演の中で先生は、国連を軸にした新たなグローバルな秩序形成のため、それを担う「世界市民」の輩出が重要であることなどを訴えられました。

2年後の96年6月には、ニューヨークのカーネギー・ホールで行われた「世界青年平和文化祭」に出席され、当時、国連児童基金（ユニセフ）の執行理事会議長だったチョウドリご夫妻と出会い、交流が始まります。

そして２００６年、先生は、国連事務次長になられたチョウドリ氏に「世界が期待する国連たれ――地球平和の基軸《きじく》・国連の大使命に活力を」と題する国連提言を手渡されたのです。

提言では、「戦争の文化」から「平和の文化」へと転換しゆく、グローバルな「対話の場」としての国連の大使命を強調され、核軍縮・廃絶、青年の参加、世界の諸大学とのネットワークの形成などをテーマに具体的な諸改革を提唱。そして、核軍縮を巡る停滞を打開するために、「核廃絶へ向けての世界の民衆の行動の10年」を制定することを呼び掛けられたのです。

この提言をもとにＳＧＩでは、戸田先生の「原水爆禁止宣言」50周年となる07年9月から「核兵器廃絶への民衆行動の10年」を開始しました。


――17年にノーベル平和賞を受賞したＩＣＡＮ（核兵器廃絶国際キャンペーン）とＳＧＩとの交流も、その頃から始まります。ＩＣＡＮの母体であるＩＰＰＮＷ（核戦争防止国際医師会議）と学会の親交が背景にあったからです。そのＩＰＰＮＷを共同創設し、１９８５年にノーベル平和賞を受賞したバーナード・ラウン会長と池田先生の初めての出会いは、モスクワでの〝核の脅威展〟（87年5月）であったと伺っています。

原田 その通りです。そして2回目の出会いが89年3月、ラウン会長が先生のもとを訪れ、核兵器廃絶に向けた努力を約し合い、さらに深い友情が結ばれました。

この年の10月には、もう一人の共同創設者のミハイル・クジン会長（ソ連）とも大阪で会談されています。

その後、ＳＧＩは国連本部で「戦争と平和」展をＩＰＰＮＷと共同で開催。さらにＳＧＩの代表がＩＰＰＮＷの世界大会に参加し、池田先生が同大会にメッセージを贈るなど、両団体は核兵器のない世界を目指すパートナーとして、長年にわたり協力を重ねてきました。

２００７年にＩＣＡＮが発足後、学会本部を訪れた当時のティルマン・ラフ議長から国際パートナーとしての協力要請があり、ＳＧＩとＩＣＡＮの歩みが始まりました。

「核兵器廃絶への民衆行動の10年」の一環として、ＩＣＡＮの協力を得て制作された「核兵器なき世界への連帯——勇気と希望の選択」展は、21カ国90都市以上を巡回。15年には、ＩＣＡＮとＳＧＩ等の協力で、「核兵器廃絶のための世界青年サミット」

が広島で開かれ、翌年には、サミットに参加した代表らにより、核兵器廃絶を求める青年の国際ネットワーク「アンプリファイ」が誕生するなど、草の根レベルでの平和運動が加速していきました。

ICANのベアトリス・フィン事務局長がノーベル賞受賞直後に総本部を訪問された時には、私も歓迎させていただきました。受賞を祝福すると、フィン事務局長は、「祝意の言葉をいただき、ありがとうございます。ですが、皆さんもICANですから、私からも〝おめでとうございます〟と申し上げたいと思います」と語られ、SGIが果たしてきた役割の大きさを強調されていました。

すべては池田先生が長年にわたり結んでこられた友情と信頼のたまものなのです。

元国連軍縮担当上級代表のセルジオ・ドゥアルテ氏は、こうたたえています。「SGIは、核兵器を廃絶するために世界各地で展開する多彩な取り組みにおいて、青年に発言権を与え、参加意識を持たせるための、実際的で極めて効果的な方法を見つけてこられました。それゆえ私は、核兵器のない平和な世界のために多大な努力を続けてこられたSGIの池田大作会長を賞讃させていただきたい」と。

今や世界の識者が創価の平和運動を高く評価し、期待する時代になりました。私たちは、戸田先生から池田先生へと受け継がれた師弟不二の平和闘争の魂をしっかり継承していきたいと思います。

Ⅱ部
地球を照らす
創価の平和運動㊦

開かれた対話で
分断から調和へ

世界の知性と1600回の語らい

——池田先生はこれまで、1600回を超える世界の識者との宗教間対話、文明間対話をされ、平和の連帯を築いてこられました。その対話の一つ一つが、私たち弟子にとって人間外交の教科書そのものです。

原田　池田先生は、一貫して「一民間人」、また人間主義の「仏法者」の立場で、対話を重ねてこられました。

その発端となったのは、1967年（昭和42年）10月、「ヨーロッパ統合の父」と呼ばれたクーデンホーフ＝カレルギー伯爵《はくしゃく》との語らいです。お二人の対談集は、『文明・

西と東』として出版されています。

そして69年には、20世紀を代表する歴史学者トインビー博士から会談を望む手紙が寄せられ、72年に先生がロンドンの博士の自宅を訪問。対談は翌年も行われ、延べ10日間、40時間に及びました。多岐にわたった語らいは対談集『21世紀への対話』として結実。現在、29言語に翻訳・出版され、世界の大学等の教材としても使用されています。


――トインビー博士は、先生に世界の知性との対話を期待されたと伺っています。


原田　対談の最後に、先生が個人的な助言を求めると、博士は〝私が忠告するなど差し出がましいことです。私は学問の世界の人間であり、あなたは行動の人です。あなたが主張された中道こそ、今後、歩むべき道です〟と語られました。

そして先生の同行者に、ローマクラブのペッチェイ博士ら世界最高峰の知性の名前を記したメモを渡され、こう伝言されます。

「あなたが、世界に対話の旋風《せんぷう》を巻き起こしていくことを、私は、強く念願しています」

そこには、対話によって世界を結んでほしいとの、博士の強い思いが感じられてなりません。この博士の心に応えるように、先生は、それらの方々とも対話を重ねられていくのです。

「そこに人間がいるからです」

――トインビー博士は、日ソや中ソなどの間で対話が進むことも望まれていましたね。

原田　当時、先生もまた日ソ関係を憂慮《ゆうりょ》されるとともに、中国とソ連が対立していることも大変に心配されていました。そして、74年の5月に中国を、9月にソ連を相次ぎ初訪問されます。「宗教者がなぜ宗教否定の国へ行くのか」と、冷笑する声もありました。しかし、先生は厳然と言われました。「そこに人間がいるからです」と。

ソ連訪問は、モスクワ大学の招聘《しょうへい》でした。当初、ソ連指導部のすべてが歓迎したわけではありません。先生は68年に日中国交正常化を提言され、日中友好の実現に尽力してきたからです。

「池田会長はソ連の敵なのか、味方なのか」――ソ連側は判断に迷っていたのでしょう。当時の対日関係の実質的な責任者であり、ソ連共産党・国際部の幹部だったコワレンコ氏が、先生の宿泊するホテルの部屋を訪れた時のことです。日中平和友好条約についての話に及ぶと、「そうは言っても池田会長！」と、氏が声を荒らげて机をたたき、さらに、「ソ連は日本を壊滅《かいめつ》させる力がある。何なら、もう一回戦争しましょうか」と言い放ったのです。

氏は日本側から〝恫喝《どうかつ》外交〟の「強面《こわもて》」としても知られていました。普通の日本人なら、ここで怖じ気づくところです。しかし先生は「手は痛くありませんか？」と、すかさず笑顔で切り返され、一歩も引かずに平和への信念を語り抜かれたのです。まさに「立正安国論」の「主人咲《え》み止《とど》めて曰《いわ》く」（御書24ページ）の姿そのものでありますす。

コワレンコ氏は、そうした先生とのやり取りを通して、〝この人は本当に信頼できる〟と思ったのでしょう。氏が、74年の先生とコスイギン首相との会見実現のために奔走《ほんそう》したことは、有名な史実です。

——先生は、その後もソ連の指導者との会談を重ねられました。

原田　81年5月、チーホノフ首相に先生は、「スイスなどよき地を選んで、アメリカ大統領、そして中国首脳、日本の首脳と徹底した話し合いを行ってくだされば、世界中の人びとが、どれほど安堵《あんど》できるでしょうか」と呼び掛けられたこともありました。

モスクワでのゴルバチョフ大統領との初会見は、90年（平成2年）7月。実はこの頃、戦後45年になるというのに、ソ連の国家元首が一度も訪日していないという状態が続いていました。

そうした中、ゴルバチョフ大統領が先生との会見で、初訪日の意向を表明したのです。

このことは即刻、日本中、世界中にビッグニュースとして伝えられました。まさに、

ゴルバチョフ・ソ連大統領「池田会長は民間外交の第一人者」

この会見から、日ソ友好の新たな歴史が開かれたのです。約束通り、その翌年4月にゴルバチョフ大統領が訪日し、先生とも再会されました。

モスクワ大学のサドーヴニチィ総長は、「振り返るに、歴史が、池田先生のご決断の正しさを見事に証明しています」と述懐されています。

ゴルバチョフ大統領も、「池田会長は、民間外交の第一人者です。それゆえ、私たちも、すぐに信頼関係を築き、心を開いて対話することができました。すぐに、分かり合えることができたのです。池田会長は、開かれた対話の精神を持たれ、その貢献には、絶大なるものがあります」と語られていました。

――池田先生は、ノーベル化学賞と平和賞を受賞されているアメリカのポーリング博士とも対談集『「生命の世紀」への探求』を編まれています。

原田　ポーリング博士と先生が初会談されたのは、87年2月。まもなく86歳になる博士がサンフランシスコの自宅から約800キロの道のりを越え、当時の創価大学ロサンゼルス分校に駆《か》け付けてくださいました。

博士は「池田会長とお近づきになれるのは、私にとって大きな喜びなのです。特に世界平和を達成するために大変な努力をされている方とお会いできたのを喜んでおります。その努力が実るよう、私にできることは、何でも喜んで協力させていただきます」と述べられました。

博士は、先生が93年にアメリカのクレアモント・マッケナ大学で「新しき統合原理を求めて」と題して講演された折にも、講評者として登壇されています。

その際、「この講演は私の主張を代弁してくださったと申し上げてもよいほどです。とりわけ私が感銘を深くしたのはSGI会長が十界論を紹介され、他者への献身に根差した菩薩《ぼさつ》の境涯《きょうがい》について語られた部分でありました」「菩薩の行動にこそ人間としての美しき証《あか》しがあり、分断を超えて共感を結びゆくカギもあります」と訴えられていました。

こうして先生と博士は、平和のために、深く交流を結ばれていったのです。

師匠の行動を受け継ぐ、誓い新た

――池田先生は、海外の大学・学術機関等で32回の講演をされ、仏法の平和思想を世界に発信してこられました。91年9月には、アメリカのハーバード大学で「ソフト・パワーの時代と哲学――新たな日米関係を開くために」と題して講演。93年9月にも、同大学で2度目の講演をされています。

原田　2度目の講演は、同大学の文化人類学部と応用神学部の合同招聘《しょうへい》によるもので、「21世紀文明と大乗仏教」と題して行われました。

先生は、20世紀は科学技術を中心に発展したが、「戦争と革命の世紀」と呼ばれるほど、史上かつてない犠牲者を出してしまったと述べられ、こうした悲劇は、人間の幸不幸の決定的要因が外形のみの変革にはないという教訓を明確に残したと指摘されました。

そして、21世紀は「生死観、生命観の内なる変革こそ第一義となってくるであろう」との観点から、「生も歓喜、死も歓喜」との大乗仏教に流れ通う生死観を紹介されます。そうした哲理が21世紀文明に貢献しうるであろうと強調され、あらゆる差異《さい》を超えて、人々を分断から調和へと導く「開かれた対話」の重要性を訴えられた、感動の講演でした。

約40分間にわたる講演が終わると同時に、会場内には深い感嘆のため息とともに、大きな拍手が、しばし鳴りやむことはありませんでした。

聴講した各分野の教授から、「SGI会長こそ、日本に、また世界に、未来へのビジョンを示し続けている希有《けう》な存在であることを知るべきです」など、多くの賛辞が寄せられました。

――この年には、人類が直面する諸課題に対して、仏法の人間主義の視点から解決の方途を探求する平和研究機関「池田国際対話センター」（旧・ボストン21世紀センター）が誕生しています。

原田　もう一つ私が忘れられないのは、97年10月のインドでの記念講演です。

先生がニューデリーの国際空港に到着された時、多くの要人が出迎えました。その一人、ラジブ・ガンジー現代問題研究所のフセイン副議長（当時）が先生に、こう語り掛けました。

「ここは釈尊《しゃくそん》を生んだ地です。精神の大国であるインドにSGI会長が来られた。私たちは聖者を迎えたような気持ちです。先生のことは著作を通して、よく存じております」

先生は副議長などの発言から、「精神の大国」「青年の大国」として発展する息吹を感じられ、日本で準備された記念講演原稿を大幅に添削《てんさく》、加筆されたのです。大統領や首相との会見や日印友好文化祭の出席をはじめ、息つく暇《ひま》もないほどのスケジュールの合間を縫《ぬ》っての作業でした。

そして迎えた『ニュー・ヒューマニズム』の世紀へ」と題する記念講演は、深い哲学的な洞察《どうさつ》の上から、非暴力の精神の重要性に触れつつ、「21世紀はアメリカ、中国、インドの3国が主軸《しゅじく》となる」「2国が中心だと、どうしても対立の方向に行ってしまう。3国があってこそ、常に話し合い、連携をとりながら、平和の方向へと全体の軌《き》道《どう》をもっていける」という、先見性にあふれたものでした。

講演が終わるや、雷鳴のような拍手と喝《かっ》采《さい》が沸き起こり、あいさつに立ったフセイン副議長は、大感動の面持ちで宣言されました。

「〝アジアの光〟である釈尊は、たしかに、このインドに生まれました。しかし、そのまばゆい光は日本に受け継がれ、池田博士が、それを一段と燦《さん》たる大光へと輝かせたのであります」と。

いよいよ新世紀へ、「仏法西還《せいかん》」の大いなる遠征が開始された歴史的瞬間であると思いました。

私は2019年9月にインドを訪問しましたが、発展を遂《と》げている様子に22年前の先生の講演が、どれほど深い意味を持つものであったかと、感動を禁じ得ませんでした。

私どもは池田門下生として、創価の師弟に流れ通う平和への信念と行動を受け継ぎ、人道の世紀を開きゆく誓いを新たにしていきたいと思います。

II部
人間讃歌の時代開く大文化運動㊤

仏法の哲理を社会に昇華！

池田先生の手作りで船出 日本一の音楽隊、鼓笛隊

――創価学会は、仏法を基調とした平和と文化と教育の運動を多角的に展開しています。日本から始まった、この民衆運動は今、世界中に広がっています。そこで今回からは、学会の文化運動について伺いたいと思います。

原田　はじめに、新型コロナウイルスの感染拡大で、文化・芸術に携わる方々も、いまだかつてない苦境にあることを思うと、本当に心が痛みます。一日も早い終息を祈るばかりです。人々を結び、希望の光源にもなる、文化・芸術は人類にとって不《ふ》

可欠《かけつ》なものです。人々に〝生きる力〟を与えてくれるのも、文化・芸術の価値であると思います。

いつの時代も、優《すぐ》れた文化の根底には、宗教がありました。まだ学会の草創期《そうそうき》、はるか未来を見据え、戸田先生は「大白蓮華」の巻頭言（1956年〈昭和31年〉）で、「最高の文化国家の建設」「広宣流布と文化活動」について論じられました。

この恩師の理念と構想を、民音や東京富士美術館の設立をはじめ、広範な規模で、一つ一つ実現されたのが池田先生です。

――先生は70年5月3日の本部総会で、「広宣流布とはまさしく〝妙法の大地に展開する大文化運動〟である！」と宣言されています。

原田　小説『新・人間革命』第15巻「蘇生《そせい》」の章には、「妙法の大地に展開する大文化運動――それは、仏法の人間主義を根底とした社会の建設である。肥沃《ひよく》な土壌には、豊かなる草木が繁茂する。同様に、仏法の大生命哲学をもって、人間の精神を耕していくならば、そこには、偉大なる文化の花が咲き薫り、人間讃歌の時代が築かれることは間違いない。いな、断じて、そうしなければならない。そこにこそ、仏法者の社会的使命があるのだ」と記されています。

忘れ得ぬシーンがあります。74年5月の初訪中の際、中国側のスタッフから「創価学会とは、どのような団体ですか」と問われた時、先生は「広宣流布を推進する団体です。広宣流布とは、仏法を基調にして、平和と文化と教育に貢献することです」と述べられたのです。

約3カ月後の初訪ソの折にも、コスイギン首相との会談の中で、「あなたの根本的なイデオロギーはなんですか」との問いに対し、「平和主義であり、文化主義であり、教育主義です。その根底は人間主義です」と答えられています。首相も「その思想を、私たちソ連も、実現すべきであると思います」と応じられました。

――この基本的な考え方が、今日の各国のメンバーの活動の指針になっていますね。

原田　ソ連から帰国された直後の74年9月27日に宮城県仙台市で行われた本部幹部会で、先生は9項目にわたる「広布への指針」を発表されました。

その第2で、「学会は広宣流布の団体である。さらに、大仏法を基調とした平和と文化の推進の団体である。理由は、信仰それ自体は一個人の内面的問題にとどまってしまう。それでは『立正安国論』の原理に反する。したがって、日蓮大聖人の仏法が広宣流布を志向する上から、過去の仏法昇華《しょうか》の歴史の上からみても、文化・平和を推進し建設するのは、当然の法理であるからである」と述べられています。

学会が、世界へ未来へ向かって進むべき道を明確に示されたのです。

民衆のパワーを象徴する文化祭

――「妙法の大地に展開する大文化運動」の〝先駆《さきが》け〟となってきたのが、各地で行われた文化祭です。文化祭といえば、67年10月15日、当時の国立競技場で行われた、世紀の大祭典「東京文化祭」には、政・財界人や言論人、学者、各国の駐日大使など5000人の来賓が参加したと聞いています。

原田　その模様は、『新・人間革命』第12巻「天舞」の章に詳しく描かれていますが、来賓の一人であった松下幸之助氏の言葉が、この文化祭のスケールを表していると思います。

「一歩、会場に足を踏み入れた瞬間から興奮を覚え、荘厳華麗《そうごんかれい》な人絵《ひとえ》や演技が進行していくにつれて、会場全体が一つの芸術作品のるつぼと化し、躍動の芸術とでもいうか、筆舌《ひつぜつ》し難《がた》い美の極致《きょくち》という感に打たれた。これも信仰から自然にわき出る信念により、観覧者をして陶酔境《とうすいきょう》に浸《ひた》らしめ、自分としても得るところ大なるものがあり、感銘を深くした」

こうした文化運動の中で、学会の力は社会に大きく示され、また多くの人材が錬磨《れんま》されていくのです。

――各地の文化祭では、音楽隊、鼓笛隊

も活躍しました。54年5月6日、青年部の室長であった池田先生が音楽隊を結成してくださったことは、何よりの誇りです。

原田　ご存じのように、この時、先輩幹部や理事たちは、先生の考えに全く関心を示さず、反対する人も少なくありませんでした。結局、先生が一人で費用を工面《くめん》し楽器を贈るなどして、今日の世界に誇る大音楽隊が船出したのです。

3日後の9日、全国から集った青年5000人の前で、音楽隊は初めての演奏を披露しました。当時、中学1年生の私もその場に居合わせ、演奏を聴きました。雨中で真剣に演奏する雄姿《ゆうし》、気迫に、「すごい」と感動したことを覚えています。

何より、音楽隊の演奏の指揮を、池田先生が雄渾《ゆうこん》に執《と》られる姿は、広布の一ページとして刻まれています。

鼓笛隊も56年に先生が結成してくださいました。先生自《みずか》ら、楽器を買いそろえてくださり、「世界一の鼓笛隊に」との期待を胸に出発したのです。

――音楽隊は今、世界各地に広がり、学会の文化運動の担い手として活躍しています。16度の〝日本一〟に輝いている「創価ルネサンスバンガード」の演奏は〝模範楽曲〟として、全国で参考にされています。日本のマーチング団体の〝教科書〟のような存在になっているのです。バンガードに入りたいために、学会への入会を希望する青年もいます。
　ほかにも、創価グロリア吹奏楽団、関西吹奏楽団、しなの合唱団などが〝日本一〟に輝いています。
　鼓笛隊も〝日本一〟の創価グランエスペランサ、創価中部ブリリアンス・オブ・ピースをはじめ皆が、全国、全世界で、地域の行事に張り切って出演しています。

原田　学会は、青年が生き生きと躍動している団体です。文化祭の淵源《えんげん》は54年11月7日、広宣流布への青年の熱と力を表現する新たな試みとして、池田先生が体育大会を企画し、開催されたことにあります。
　私は東京・世田谷の日大グラウンドで行われた、この第1回体育大会「世紀の祭典《さいてん》」にも参加し、競技の応援をしました。「学会魂」という棒倒しや1万メートル競走など、若人《わこうど》の熱気に満ちあふれ、新しい時代を建設しようとの意気込みを感じました。また、応援合戦も楽しく、〝宗教〟という殻《から》に閉じこもるのではなく、学会の幅広い開かれた世界に魅力を感じたことをよく覚えています。

――戸田先生が、「原水爆禁止宣言」を発表されたのも、神奈川での体育大会でした（57年9月8日）。

原田　学会が行ってきた体育大会にせよ、文化祭にせよ、それは人間の生の躍動と歓喜を表現するものです。平和といっても、単に戦争がない状態ではなく、人々の生きる喜びがなければなりません。
学会の運動は、民衆一人一人の内なる生命の躍動と歓喜を呼び覚まし、人類をつなぎ、人間性の勝利を打ち立てるものです。文化祭等の催《もよお》しは、その一つの象徴《しょうちょう》といえます。
81年6月には第1回の世界平和文化祭がアメリカのシカゴで、82年9月には埼玉の所沢で第2回が開催され、東西冷戦下の80年代、平和文化祭の流れが作られていきます。これらは世界広布新章節の開幕を告げる祭典であり、世界宗教としての創価学会の、新たな船出の催しでした。さらに平和文化祭は、各国、各地に広がっていきます。

学会は歌と共に進み、歌で勝つ

――先生は常々、「学会は、歌とともに進んできた。歌で勝ってきた」と言われます。青年部は、〝歌の力〟で現在の困難を乗り越えようと、「うたつく」(歌をつくろう)運動を行い、制作参加者が1万人に及ぶ中で「5・3」に完成しました。「勇気の心が春を呼ぶ」と確信し、「笑顔」で新たな「未来」を開いていく決意です。

原田　新しい青年の歌「未来の地図～Step Forward～」の完成、本当におめでとうございます。
歌といえば、私は先生が「人間革命の歌」を作られた時のことを思い起こします。76年、大阪事件の出獄から20年目を迎える年のことです。

先生は、「いかなる大難にも負けない、魂の歌を作りたいんだ。希望を湧かせ、勇気を鼓舞《こぶ》する、人間讃歌を作りたいんだ」と言われながら、この歌に取り掛かられました。

72年から75年は、世界を舞台にした先生の平和外交、人間外交が活発に展開された時でもあります。しかし実は、この頃から、第1次宗門事件の嵐が吹き始めていました。それは、創価の師弟を分断し、衣の権威《けんい》で信徒を隷属《れいぞく》させようとする、広布破壊の大謀略《だいぼうりゃく》でした。

先生は「必ず魔出来《しゅったい》すべし魔競《きそ》はずは正法と知るべからず」（御書1087ページ）との御聖訓《ごせいくん》を命に刻まれていました。ゆえに、〝吹雪に胸はり　いざや征《ゆ》け〟という、障魔に負けない、大難に打ち勝つための歌を作られたのです。

当時、先生から、「本来ならば、こうした歌は弟子が作るべきである。皆が作らないから、私が作ったんだ」と厳しく指導されたことがあります。未来の広布を見据え、これから先、どんな大難があっても、断じて揺《ゆ》るがず、心を一つにして師弟の信心で進めば、必ず勝ち越えていける――「人間革命の歌」に込められた師の慈愛《じあい》を思う時、その深さに心が震えます。

――先生は、ピアノの演奏を通し、同志に励ましを送ってくださることもあります。

原田　すべては、会員の皆さまに、勇気と希望を届けるためです。第3代会長を辞任された直後、宗門らの謀略《ぼうりゃく》により、会合でスピーチをすることができなくなる中、静岡研修道場で〝大楠公《だいなんこう》〟の歌のピアノ演奏をテープに収め、代表に贈ってくださったこともありました。

　初めに「わが愛し、信ずる君のために、また、二十一世紀への大活躍を、私は祈りながら、この一曲を贈ります」との言葉を録音し、ピアノに向かわれたのです。烈々たる気迫の演奏でした。

　当時の真情が『新・人間革命』第30巻「大山」の章に描かれています。

「ひたすら弟子の成長を願い、一心に、時に力強く、魂を込めた演奏が続いた。〝立てよ！　わが弟子よ、わが同志よ。勇み進め！　君たちこそが伸一なれば！〟」――先生は、そうした思いを込めて、ピアノの演奏をされているのです。

II部

人間讃歌の時代開く
大文化運動㊥

音楽で世界の民衆の心結ぶ

相互理解と平和の懸け橋「民音」

――1963年（昭和38年）10月18日、池田先生は民主音楽協会（民音）を創立されました。以来、半世紀を超え、2019年もおよそ50人の駐日大使が民音文化センターに来館されるなど、文化・芸術交流の一大拠点となっています。

原田　小説『新・人間革命』第8巻「清流」の章に書かれている通り、先生が民音設立の構想を練られたのは、61年2月にインド、ビルマ（ミャンマー）、タイ、カンボジアへ平和旅に向かわれていた時です。

特にビルマは、先生の長兄が戦死された

地でもありました。先生は、人類が悲惨《ひさん》な戦争と決別し、平和を築き上げていくには、何が必要なのかを考え続けておられました。

そして、民衆と民衆の相互理解を図ることが不可欠《ふかけつ》であると思索を深め、そのためにも、音楽などの芸術、文化の交流が大切になると結論されます。この時、先生は、学会が母体となって、音楽、芸術の交流などを目的とした団体をつくろうと決意されたのです。

音楽で、世界の民衆の心と心を結び、平和社会の建設を――この遠大な目的を掲げ、民音は産声《うぶごえ》を上げたのです。

――五十年先、百年先を遠望《えんぼう》しての布石だったわけですね。民音はこれまで、１１０カ国・地域の団体や演奏家らと交流を結んできました。日中関係が困難な時であった、２０１４年（平成26年）10月には、舞劇「朱鷺《とき》」がプレビュー上演されました。

原田　これは、民音と中国の文化交流が40周年となることを記念して、中国人民対外友好協会、上海《シャンハイ》歌舞団などと民音が共同制作したものです。

ご存じの通り、12年から、日中関係は厳冬ともいえるほど冷え込んでいたのですが、プレビュー公演は首相も観覧し、直後の11月の日中首脳会談では、そのことが話題になり、雰囲気が和らいだと聞きました。

私は、この話を聞くにつけても、文化のもつ偉大な力を感じます。

民音は、国交正常化3年後の1975年以降、中国から40を超える文化団体を招聘《しょうへい》し、2100回以上の公演を行っています。こうした「文化交流」は、日中友好において大きな役割を果たしてきたと、中国の方々が語っています。

先生は74年の初訪中の折から、中国側の要人に対して、「文化の交流」を力強く訴えられました。そこには、「文化交流とは、まさに相互理解の懸け橋であり、平和の先駆けである」との一貫した信念がありました。

実際、先生は、世界中に、その文化交流、民衆交流の道を切り開かれてきました。

先生が築かれた友情の絆の強さ

――民音は、これまで、ミラノ・スカラ座、ハンブルク・バレエ、モスクワ児童音楽劇場、シルクロード音楽の旅、南アフリカのドラケンスバーグ少年合唱団、ヨルダン国立芸術団をはじめ、世界中の著名な団体の公演を実現してきました。

原田　民音の文化交流の歴史には、池田先生が各国の芸術家と結ばれた強い友情と信頼の絆《きずな》があってこそ築かれてきたものが多くあります。

2019年、民音のタンゴ・シリーズが、50回の節目となる公演を行いました。アルゼンチン共和国の公共メディア・コンテンツ庁からは、民音創立者である池田先生に「芸術と平和の青の賞」が贈られています。同国の「芸術・文化の普及」と「世界に友情と平和を広げた功績」がたたえられたものです。

アルゼンチンでは、40、50年代がタンゴの黄金時代でした。しかし70年代、偉大なマエストロ（巨匠）たちが亡《な》くなったことで、国内での演奏の機会が減り、多くの楽団が解散の危機に陥《おちい》ります。その70年に、民音の公演が始まったのです。

多くの楽団が、日本に行くために再結成されました。アーティストたちは日本で演奏することが楽しみでした。それは今も変わりません。〝アルゼンチン・タンゴの再興は、池田先生と民音によって成《な》し遂《と》げられた〟と断言する専門家もいるのです。

――『新・人間革命』第30巻「誓願」の章には、タンゴの巨匠といわれる方たちとの感動的な交流もつづられています。

原田　私が特に印象深いのは、84年に民音の招聘《しょうへい》で初来日した巨匠マリアーノ・モーレス氏です。この日本公演では、最愛の息子であるニト・モーレス氏も、父と共にステージに立つ予定でした。しかし来日直前に、息子さんに悪性のがんが見つかり、急きょ取りやめになったのです。日本公演が始まって1カ月後、息子さんは30代の若さで帰らぬ人となりました。

先生は88年にモーレス氏と出会いを結ば

中国・上海歌舞団による舞劇「朱鷺」の民音公演。2015年、約10万人の観客を集め、大感動を呼んだ

れました。氏を皆で歓迎したロビーには、氏と亡くなった息子さんが共演した名曲「さらば草原よ」が流されていました。モーレス氏は「そうです。この曲です！」と感動の面持ちで語られました。

先生はモーレス氏ご夫妻を、全魂《ぜんこん》を込めて励まされました。「息子さんは今も、お父さん、お母さんのそばにおられますよ。ご家族を見守り、支えておられます。生命は永遠です。永遠の父子です。寂《さび》しいようであっても、生命の次元では決して寂しくないのです」

さらに一枚の色紙をモーレス氏に贈られました。そこには、先生の言葉とともに、自《みずか》らの筆で富士山を描かれ、一つの点が打たれていました。

そばにいた私たちも、〝どのような意味なのだろうか〟と思っていたところ、先生はモーレス氏に力強く言われました。「これはご子息です」と。

モーレス氏は深い眼差しで、色紙を見つめておられました。〝厳然と見守る息子さんのために、いかなる風雪にも微動だにしない富士のごとき境涯《きょうがい》に〟との思いが込められていたのだと思います。立場や肩書を超え、目の前の一人を励まさずにおかない先生の真心に、皆が深く感動しました。

――現在、モーレス氏のお孫さんが歌手として活躍しており、当時を振り返り、「池田先生の真心と配慮を、祖父がどれほど喜んだことか。先生の励ましがなければ、祖父の人生は全く違うものになっていたでしょう」と語られています。

原田　93年2月には、先生が出席され、アルゼンチンの首都ブエノスアイレスで第11回「世界青年平和文化祭」が行われました。会場は、市内の由緒ある劇場の一つであるコリセオ劇場です。ここでは、地元メンバーの強い要請で、マリアーノ・モーレス氏と、もう一人の巨匠オスバルド・プグリエーセ氏が共演しました。

プグリエーセ氏は文化祭の4年前の89年に民音公演のために来日されています。引退公演という位置付けでした。夫妻で来日された氏を、先生は真心から歓待されました。

先生の飾らない人柄と平和への信念に、すっかり魅了《みりょう》されたプグリエーセ氏は後に、「トーキョー・ルミノーソ（輝く東京）」との題名が付けられた献呈曲《けんていきょく》を作り、先生に贈られます。氏の夫人は、〝プグリエーセが特定の誰かのために曲を作って贈ったというのは、後にも先にも、先生お一人だけだった〟と語っていました。

この89年の引退公演を大成功で終え、〝もう舞台に上がることはないだろう〟といわれていた氏が4年後、87歳にして、再びスポットライトの中に姿を現したのです。

どちらか一方が、舞台に立つだけでも大変な出来事なのに、二人が同じ舞台でコラボすることなど奇跡だと、参加者も大変に驚いていました。立場や感情などの一切をかなぐり捨て、ただ池田先生との友情のために――この思いで、お二人は文化祭に出演を果たしてくださったのです。

庶民が〝下駄《げた》〟で行ける場を作る

――先生は、「民音を設立した目的は、あくまでも、民衆の手に音楽を取り戻すことにある」ともつづられています。

原田　発足当初から、「庶民が〝下駄履《げたば》き〟で行けるコンサートをつくろうよ！」と、先生は何度も言われました。その願いを実現させ、「民衆の喜びの讃歌」である音楽が、日本の津々浦々《つつうらうら》で花開いている時代を、先生は作られたのです。

世界一流のバレエにしろ、オペラにしろ、

まるで〝高嶺《たかね》の花〟のような存在であったものを、先生が創立された民音の招聘《しょうへい》によって、私たちは親しむことができました。それは、日本の文化交流においても、大変に意義のあるものであったと思います。

たとえば、世界最高峰の大歌劇団ミラノ・スカラ座の日本公演は、16年という長い歳月にわたる交渉の末、81年9月に実現しました。ある専門家からは、「完璧《かんぺき》な舞台です。よくぞ、これだけの舞台を招聘してくださった」と感謝の声が寄せられました。〝民衆が最高の芸術に触《ふ》れる機会を提供したい!〟との先生の巌《いわお》のごとき信念が、不可能と思われていたスカラ座の日本公演を実現させたのです。

――近年は、テレビの人気番組で、「民音音楽博物館」が相次いで紹介されています。また、世界聖教会館と民音の間にある信号機の地名板は「民音音楽博物館」となっています。

原田　博物館には、古典ピアノや民族楽器など各国の貴重な楽器をはじめ、著名な音楽家の楽譜等が収蔵されています。

30万点に及ぶ音楽資料が所蔵され、〝民間では国内最大級の規模〟と評される「音楽ライブラリー」も併設されています。

東京都の登録博物館に認可されており、世界でも数少ない音楽博物館の一つです。

中学・高校の総合学習や修学旅行などでも見学に訪れ、全国の学校に親しまれています。学芸員実習の受け入れ先として、学生たちの支援も行い、福祉施設や地域の老人会の見学先としても多くの人が訪れています。

東日本大震災では、「歌を絆《きずな》に」をテーマに、被災3県の小中学校で東北希望コンサートを開催。一回一回が本当に感動的で、その数も2019年までで116校81回に及びます。

――人々に希望と勇気を送り、心の絆を結ぶ音楽の役割は、本当に偉大です。

原田　法華経寿量品に「諸天撃天鼓《しょてんぎゃくてんく》　常作衆妓楽《じょうさっしゅぎがく》」（諸天は天鼓を撃って　常に衆の妓楽を作《な》し）とあります。天人《てんにん》（歓喜に満ちた人々）が、「天の鼓《つつみ》」を打って、常に、さまざまな音楽を奏《かな》でる姿――それは、幸福の時、うれしい時、心の底から音楽があふれてくることを示しているともいえます。先生は、この経文を通し、「民衆のにぎやかな歌声のあるところ、自由があり、躍動がある。音楽には強制はない。文化に暴力はない。すべて人間性の開花につながる」と言われています。

音楽、芸術を通し、「平和・文化・世界の道」を開く民音の使命は、ますます大きいのです。

II部
人間讃歌の時代開く
大文化運動㊦

池田先生の信義と誠実

東京富士美術館
海外の国宝などの招来を実現

――2020年で開館37年となる東京富士美術館（八王子市）は、「世界を語る美術館」として、各国の美の名品を招来した展覧会を、これまで48回開催してきました。この美術館設立の構想が示されたのも、池田先生が第3代会長に就任されて間もなくのことだと伺いました。

原田　1961年（昭和36年）6月、京都での関西第4総支部結成大会の席上、先生は〝将来、大きな美術館をつくる〟と展望されました。そこには、広宣流布は「仏法を基調とした平和・文化の開花でなくてはならない」と思索された戸田先生の構想実現への決意が込められていたと思います。

京都は、国宝級の文化財で彩《いろど》られている古都です。国宝の多くは、寺院建築をはじめ、宗教性のあるものです。〝広宣流布の伸展に伴い、それらの文化財をどう捉《とら》えるべきか〟――先生は、会員の方々の素朴な疑問を受け止め、人類共通の貴重な遺産《いさん》である文化財を大切にし、精神性を高める糧《かて》としていく、世界宗教としての在《あ》り方を明確にされたのだと思います。

初の欧州指導に赴《おもむ》かれた同年10月には、各国の主要都市を回り、点在する同志を全力で励ます間に、パリのルーブル美術館、ロンドンの大英博物館、ローマの遺跡《いせき》やバチカン宮殿、優《すぐ》れた芸術性を誇るオーストリアの楽都《がくと》ウィーンにも足を運ばれました。

行く先々で文化の宝を目に焼き付けながら、先生は美術館の設立構想を同行の友に語られました。〝新たな人間主義の芸術の創造のためにも、世界の民衆を結ぶ文化交流のためにも、美術館をつくりたい。いつか全同志が誇れるような、世界中の美の宝を展示していこう〟と。

――「地味な作業かもしれないけれど、文化交流が一番の平和の近道なんだ」とも先生は言われています。

原田　72年5月8日には、イギリスでトインビー博士と対談される中、先生は国立の「テート・ギャラリー」（当時）を訪問され、館長の案内のもと、絵の修復作業などの視察をされています。

12日には、パリのルーブル美術館を再び訪れ、当時のフランス国立美術館の局長と、美術館の在《あ》り方などを巡《めぐ》って懇談されています。翌日には、印象派美術館（当時）も見学されました。さらに15日、米ワシントンDCでは、フリーア美術館を視察されています。

実は、この1カ月前、関西指導で奈良の平城会館を訪れた折には、平城宮《へいじょうきゅう》跡や正倉院《しょうそういん》も見学されました。そのほか、国内にあっては、根津美術館（東京）や大原美術館（岡山）などにも足を運ばれています。

美術館設立は、民衆文化の向上とともに、次代を担う青年のためでもありました。池田先生は若き日、戸田先生から、青年は「一流に触れ、自身を高めよ！」と徹底して薫陶《くんとう》を受けられていたのです。

“精神”のための闘争を共々に！

――そして83年11月、東京富士美術館がオープンします。開館を飾ったのは、「近世フランス絵画展」でした。

原田　開館を力強く支えてくださったのが、フランスが誇る世界的な美術史家のルネ・ユイグ氏です。ナチスと戦ったレジスタンス（抵抗）運動の闘士でもある氏は、先生の平和運動に心からの期待を寄せ、「私たちの出会いは、ゲーテの言う〝選ばれた友情〟」と語っていました。それに対して先生は、「私は（氏から）常に学ぼうと思い続けてきました」と応じられたこともあります。

ユイグ氏と先生の初の出会いは74年4月。空前の鑑賞者数を生んだ、ダ・ビンチの名作「モナ・リザ展」のために、氏が来日された時です。当時のことをリディ・ユイグ夫人は「初めて会った瞬間、夫は直感的に友情の共鳴《きょうめい》を感じていました。池田会長は精神性の光を放ち、行動力がある。夫の哲学を最もよく理解された方です」と語っています。以来10度を超える会見を重ね、対談集『闇《やみ》は暁《あかつき》を求めて』も発刊されています。

――第2次大戦中、ルーブル美術館の絵画部長だったユイグ氏は、ナチスの侵略《しんりゃく》から「モナ・リザ」をはじめとしたルーブルの美術品を守るため、身を挺《てい》して戦われたと聞きました。

原田　ユイグ氏は先生と語り合われた際、「国家の暴力」「近代の限界」を話題にされました。そして、「精神の闘争なき文明は滅《ほろ》びる。今こそ精神のための闘いを始めましょう」「結局、私が最も要請しているのは『人間革命』です。私はこの人間革命の夜明けへ、一人の『ヨーロッパの義勇《ぎゆう》兵《へい》』として戦います」と訴えられました。

そのユイグ氏の強力な後押しがあり、「近

世フランス絵画展」は開催されたのです。そこには、ルーブルやベルサイユなど、フランスを代表する8つの美術館からの出品がありました。駐日フランス大使は出品作品の一覧を見て、「フランスでも滅多に見ることができません」と驚いていました。

――2019年秋から20年1月、東京富士美術館では「ルネ・ユイグのまなざし　フランス絵画の精華《せいか》」展が開かれました。

原田　ユイグ氏へのオマージュ（敬意）を込めて、氏が人生をささげて〝魂の対話〟を重ねたフランス絵画への愛をうたい上げる展覧会です。

実は19年、ご子息のフランソワ＝ベルナール・ユイグ氏から「父の遺品《いひん》の原稿類を寄贈したい」との申し出があり、膨大《ぼうだい》な遺稿等が届きました。それらも踏まえて開かれたのです。

ご子息は、「父が母と共に、東京富士美術館の展覧会やコレクションの形成に力を尽くしたのは、いうまでもなく、美術館の創立者である池田大作SGI会長と一生涯にわたる友情を育んだからでしょう」「東京富士美術館の発展に貢献することは、父にとっても幸せなことだったはずです」と語っていました。

オープン以来、同美術館の企画展示は、国内の多くの美術館や博物館でも開催され、延べ2790万人が鑑賞し、芸術運動の活性化に貢献してきました。

「館蔵品」による展覧会が大好評

――東京富士美術館が収蔵する西洋絵画は、ルネサンスから20世紀までの500年の歴史を俯瞰《ふかん》できる、国内屈指のラインアップといわれます。90年（平成2年）9月には、韓国の首都ソウル市の中央日報社ビルの湖巖《こがん》ギャラリーで、東京富士美術館所蔵の「西洋絵画名品展」が行われました。この時、先生は、韓国を初めて訪問されています。

原田　台風の影響で滞在が縮小され、1泊2日の極めて限られたスケジュールの訪問でした。しかし、ここから文化交流の扉が開かれていくのです。

先生は開幕式で、「貴国は日本の文化の大恩人であります」と言われ、「私ども所蔵の西洋絵画を海外で初公開させていただくことも、せめてものご恩返しの一分となればとの思いからです」と語られました。同展は連日、長蛇《ちょうだ》の列ができ、韓国の美術館における「一日の入場者数の最高記録」まで樹立し、大成功で終わりました。

2年後の92年には、湖巖美術館所蔵の「高麗　朝鮮陶磁名品展」が東京富士美術館で開かれました。その出展リストには、国宝や重要文化財など152点が記され、どれも国外初公開でした。中には、韓国で未公開の作品まで含まれていました。美術品の中でも最も壊れやすい部類の陶磁器――しかも、国宝を惜《お》しみなく貸し出すことは、異例中の異例でした。韓国の方々は、先生の信義に、信義をもって応えてくださったのです。

――93年2月、東京富士美術館所蔵の「日本美術の名宝展」がコロンビアで行われました。この時、首都ボゴタでは、麻薬組織によるテロ事件が起きていました。しかし先生は約束通り、開幕式に出席されました。

原田　コロンビアへ出発する直前、先生は米マイアミの研修道場に滞在されていました。

実はコロンビア国内には非常事態宣言が出され、予定されていた、ある国際会議も中止され、出国する報道関係者も多くいました。大統領府からは、「池田会長は、わが国に本当に来てくださいますか？」と緊急の連絡が届いていました。

しかし先生は、「私のことなら、心配はいりません。予定通り、貴国を訪問させていただきます。私は、最も勇敢《ゆうかん》なるコロンビア国民の一人として行動してまいります」と言下に答えられたのです。

研修道場の仏間で勤行をされた後、先生からコロンビア訪問の真情を伺いました。友人が一番大変な時に応えてこそ、真の友情である――これが先生の生き方であることを改めて感じた瞬間でした。

コロンビアでは空港からずっと、麻薬探知犬を伴った軍人が、小銃を持って警備に当たってくれていました。そうした緊迫した中でも、先生は威風堂々《いふうどうどう》と行動され、ガビリア大統領夫妻をはじめ、コロンビアの方々は深く感銘していました。

90年、東京富士美術館では「コロンビア大黄金展」が開催されました。この時、コロンビア側からは、至高《しこう》の輝きをもった黄金細工や、世界最大級のエメラルドの結晶原石など、国の宝が貸し出されました。また89年、来日中のバルコ大統領から、同国の「功労《こうろう》大十字勲章《くんしょう》」が贈られた折、先生は「私どもも〝同国民〟との思いで、貴国のために貢献していきたいと念願しています」と述べられています。

そこには、「芸術というのは、民族や国境、宗教や習慣の違いを超えて、人間の心と心を結びつける」との変わることのない信念に裏打ちされた、先生の誠実一路の行動があったのです。

——東京富士美術館の館蔵品による海外展は、これまで20カ国・地域で30回以上にわたり開催されています。

原田　先生は94年5月、５００年の歴史を誇る、イタリア・フィレンツェのメディチ・リッカルディ宮殿で開かれた、東京富

〝芸術は、民族や宗教等の違いを超え、心を結ぶ〟

士美術館の「日本美術の名宝展」のオープニングに出席されました。その後、ボローニャ大学で講演をされ、世界青年平和文化祭に出席されるため、ミラノへ向かいました。その折、スフォルツァ城を訪れ、ダ・ビンチが描いた天井画と壁画をご覧になったのです。

部屋一面に、枝を茂らせ伸びゆく樹木が、すさまじい迫力で描写されていました。そこにダ・ビンチは、脈々たる力をたたえた「根っこ」まで描いたのです。

先生は、「『根っこ』は、本来は見えない。また、ふつうは、だれも見ようとしないかもしれない。見えない『土台』というものを大切にするダ・ビンチの心眼《しんがん》に、私は感動した」と述べておられました。

思えば先生も、未来のため、地中深くに、創価の平和・文化運動の「根っこ」を張ってくださいました。先生が築いてくださった、この大文化運動の道を、さらに大きく広げていく弟子でありたいと決意しています。

II部
未来を照らす人間教育の光①

先師・恩師の夢 創価教育の城

世界の平和に寄与する大人材を

——今、海外にも創価の学びやは広がり、「創価の人間教育」の光が世界を照らす時代になりました。

今回からは「教育」に焦点を当てていきたいと思います。

原田　創価の教育機関の設立に関しては、1930年（昭和5年）11月18日に発刊された牧口先生の著書『創価教育学体系』の中に、明確な記述があります。創価大学については、「創価教育学を実現するに任《まか》するに足《た》る高級なる教育技師（＝教師）の養成を目的とする高等の師範《しはん》学校」、そして「創価教育学の実験証明をなす目的の附属小学校」と、創価小学校などの教育構想が明記されているのです。

なお、この発刊の日が創価学会の創立記念日になっています。牧口先生はよく、「戸田君が必ず創価大学をつくってくれる」と語られていたそうです。創価教育の淵源《えんげん》の深さが伝わってきます。

――その構想が、戸田先生から池田先生へと継承されていくのですね。

原田 50年11月16日、戸田先生は、西神田の会社近くの大学の学生食堂で「大作、創価大学をつくろうな。私の健在のうちにできればいいが、だめかもしれない。そのときは大作、頼むよ。世界第一の大学にしようではないか」と語られます。戸田先生の事業が破綻《はたん》し、非常に苦しい状況の時です。

この日、池田先生は日記に、こう記されました。

「昼、戸田先生と、日大の食堂にゆく。民族論、学会の将来、経済界の動向、大学設立のこと等の、指導を戴《いただ》く。思い出の、一頁《ページ》となる」

当時、池田先生は22歳です。この時のことを先生は何度も何度も教えてくださっています。池田先生は直接、牧口先生にお会いすることはありませんでした。しかし、池田先生は語られています。「戸田先生の姿を通して、偉大な初代会長を、私は深く強く知ることができた」と。
先生は、第3代会長就任後の60年10月、初めての世界広布の旅でアメリカ・ロサンゼルスのUCLA（カリフォルニア大学ロサンゼルス校）なども視察され、構内を歩きながら同行の方に「学会も、大学をつくるよ」と語られています。既に、大学設立を視野に入れていたのです。

皆が、安心して勉学できるよう

――先生が大学の設立構想を、正式に発表されたのは、64年6月30日に行われた学生部総会の席上ですね。

原田　そうです。「世界の平和に寄与する大人材を、大指導者をつくり上げていきたい」――そう高らかに宣言される先生の姿に、学生部の一員としてその場にいた私も、〝いよいよ先生は、大学をつくられるのか〟と、大変に感動したことを今も鮮明に覚えています。

――創価大学の開学へ準備が進む60年代末、日本社会では「大学紛争」が起こり、大学教育そのものの在《あ》り方が根本的に問われていました。

原田　69年1月には、紛争が激化していた東京大学に、機動隊が突入するという事態になりました。その数日前の夕方に、先生は東大構内を視察され、学生が占拠《せんきょ》する安田講堂のすぐ側まで直接、足を運ばれていました。先生は、混迷する事態を深く憂《ゆう》慮《りょ》されていたと思います。

当初、創大の開学は73年を予定していましたが、先生は、一刻も早く皆が安心して勉学に励めるような大学をつくろうとされていました。また、68年に開校した創価高校の1期生がそのまま、創価大学に進学できるようにと、71年の設立へ舵《かじ》を切られたのです。

――大学設立の地に東京・八王子を選ばれたのも戸田先生との師弟の語らいからですね。

原田　54年9月4日、東京・氷川で水滸《すいこ》会《かい》の野外訓練が行われました。バスが信濃町の学会本部を出発し、甲州街道を走り、八王子を通り掛かった時のことです。戸田先生は、池田先生に「いつか、この方面に創価教育の城をつくりたいな」と言われました。そして、戸田先生の構想通り、八王子に創価大学を設立されたのです。

――設立を進めていた当時は、言論《げんろん》問題の嵐が吹き荒れる中でもありました。逆に開学を、少し延ばした方がよいのでは、という声もあったと聞きました。

原田　先生は21世紀を展望し、日本のため、平和のため、人類のため、「大学革命」の旗手《きしゅ》となる大学設立を真剣に考えられていました。

言論問題への対応を協議する合間にも「大学はどうだ？　順調か？　私の大切な大学を頼むよ」と何度も何度も確認されていました。

「大学に行けなかった人の味方に」

——『新・人間革命』第15巻「創価大学」の章に、全魂《ぜんこん》込めて「学生第一」の大学をつくろうと取り組まれていた模様が記されています。

原田　この時期、先生は、ご自身が誰よりも原稿を書き、働きに働き、資金を捻《ねん》出《しゅつ》しようと、著作の印税等を設立の資金にあてられました。先生は生命を削《けず》るようにして大学を設立されたのです。これが創立者の心です。師匠の心です。そして、多くの学会員の方々が、庶民の真心の結晶である浄財《じょうざい》を寄せてくださいました。こうして、できたのが創価大学なのです。

先生は常々、創大は〝大学に行けなかった人々の味方になって戦う、人間指導者を育成する〟と言われていました。

これは、文系校舎A棟の前に立つ一対のブロンズ像の台座に刻まれた「労苦と使命の中にのみ　人生の価値《たから》は生まれる」「英知を磨くは何のため　君よそれを忘るるな」との指針に通じています。先生は「開学に合わせて、大学の象徴《しょうちょう》になるようなものを寄贈したい」と考え、このブロンズ像を贈られました。作者はフランスの彫刻家アレクサンドル・ファルギエールで、その名前が道路に冠《かん》されるほどパリでは、高名な人物です。

――設立の時、先生は開学式にも、入学式にも出席されませんでした。

原田　先生には大学の運営は教職員が責任を持つべきであるとのお考えもあり、あえて出席されませんでした。しかし、先生を求めて創大に集った学生たちは非常にさびしい思いをして「何としても創立者を創価大学にお招きしよう」との声が日増しに大きくなっていきました。

開学した71年の8月、学生部の集いで一人の創大生が、先生に「お願いがあります。創価大学に来てください！」と言いました。先生が「何かあるのかい」と返すと、その学生は「大学祭をやります」と答えました。先生は「学生の皆さんの招待ならば、私は、必ず行きます！」と、語られたのです。実際には、その時、大学祭の開催は具体的に決まってはいませんでしたが、学生たちは、先生をお迎えするために懸命に準備に取り掛かりました。

――そして、その年の11月21日、第1回となる「創大祭」に先生が出席してくださったのですね。

原田　先生は、記念行事で「私は、皆さん方に、偉大な人格をもつ人として、相対していきたい。皆さんは私よりも、何十倍、何百倍も偉い、無限の可能性を秘めた人格者であると、心の底から尊敬いたしております」とスピーチされました。ここに、師弟の原点が刻まれ、現在まで続く、創大祭の伝統が始まったのです。

牧口先生の筆による「創價大學」正門

——創価の師弟の心を改めて胸に刻みます。

原田　大学の正門と本部棟の正面には、「創價大學」の文字が掲げられていますが、これは牧口先生の筆によるものです。正門の門標の除幕式には池田先生も参加してくださいました。先生は後に、「この文字は、私が大切にとっておいたものである。牧口先生の夢、そして恩師の夢を実現できて、私はうれしい」と語られています。

この創価三代の師弟の心をわが心として学び、いよいよ創大出身者が社会のあらゆる分野で人間教育の実証を示していく時代に入ったのです。

II部

未来を照らす人間教育の光②

創造的世界市民を育成

60カ国・地域、200超の大学と交流

――2020年、創価大学は50期生を迎え、創価女子短期大学は開学35年となりました。創価大学は2014年に文部科学省の「スーパーグローバル大学創成《そうせい》支援」事業に採択され、「人間教育の世界的拠点の構築」へと着実に歩みを進めています。

原田　創立から半世紀を経て、創大は大きく発展を遂げています。学術交流協定を結ぶ大学は世界60カ国・地域、200を超えています。

また、「創造的世界市民」の育成を目標にし、国連のSDGs《エスディージーズ》（持続可能な開発目標）

にも力を入れ、国内外の教育関係者から、大変高い評価を受けています。池田先生は常々、創大生に対して「みんなが創立者の自覚で道を開いていくんだ」と語られてきました。そうした伝統が実を結んでいると思います。

1期生の就活に創立者自《みず》ら奔走

――卒業生の社会での活躍も目覚ましいですね。教育の分野では、延べ約7700人の教員採用試験合格者を輩出《はいしゅつ》しています。司法試験も、2019年、合格者10人以上の私立法科大学院で合格率は全国4位でした。

原田 開学当時を考えると隔世《かくせい》の感があります。先生は、歴史ある他大学ではなく、あえて、ご自身が創立された新設の大学を選び、入学した創大生に対して、その進路にまで責任を持とうと決意されていました。

識者や財界人と会談される時にも、必ずといっていいほど創価大学のことを誠心誠意、語られていました。

1973年(昭和48年)10月の第3回創大祭の折には約700人の企業のトップ、並びに就職関係者やマスコミの人たちを招き、体育館で祝賀会が行われました。この時、先生は〝700人全員とお会いしよう〟と、来賓一人一人と名刺を交換し、「来年は、1期生の就職活動が始まります。初めてのことですので、ご指導、ご尽力を賜《たまわ》りますよう、よろしくお願い申し上げます」と深々と頭を下げられていました。そして、実際にほとんどの来賓とあいさつを交わされたのです。

――先生が、ある来賓に「創大生は、私の命なんです」と語られたとも聞きました。

原田　私も当時、同行させていただきましたが、10月の末で暑くはない時でしたが、先生の汗はワイシャツから、スーツの襟《えり》にまでにじんでいました。創大生の進路を、自《みずか》ら開拓される先生の姿を目の当たりにして、〝そこまでされるのか〟と、申し訳ない思いと同時に、深く感動した記憶が鮮明に残っています。

祝賀会の後も卓球大会やテニス大会に出場され、軽音楽サークルのコンサート会場では、自らピアノで「荒城の月」「一高寮歌」を演奏してくださいました。まさにとどまることのない先生の激励行です。いつしか時間は午後10時をまわっていました。先生のお姿に触《ふ》れ、創大生たちは、どれほど勇気づけられたことでしょうか。

――73年は第1次オイルショックで日本は不況に陥《おちい》り、就職難の時代を迎えました。

原田　その中で、先生は就活中の創大生に対し幾度《いくど》となく激励、アドバイスをされました。その真心に奮起した学生は新設された大学の1期生としては、異例の数の大手企業の内定を勝ち取り、最終的な就職率は100％に達しました。池田先生の並々ならぬご決意と、お振る舞いが結実したのです。

――先生は、創大の寮にも何度も足を運ばれ、寮生を激励されています。

原田　開学から2年目の72年7月6日、雨が降る中、男子寮生が開催した「滝山祭」の折、先生は初めて「滝山寮」を訪問されました。部屋に入られると寮生のベッドに横になられるなどしながら、忌憚《きたん》なく学生たちと語り合われました。

2カ月前の5月、先生はトインビー博士との1回目の対談のため、イギリスを訪問されています。その際、オックスフォード大学の寮にも行き、寮がその大学の歴史においてどれほど重要な意味を持っているのかを深く考えられていました。

先生は「オックスフォード大学の寮は、大変に質素だった。しかし、寮の学生たちは、ここから、たくさんの首相が出たと、胸を張って語っていた。そして、だから自分たちは世界一の学生であるという、強い誇りをもっていた。君たちも、二十一世紀

創立者の思いに応え、寮から多彩な人材が巣立つ

を創造する、誉れ高き、選ばれた創価大学の寮生だという、強い、強い、誇りをもってほしい」と寮生たちに期待を寄せられました。こうした先生の万感の思いに応えるように、創大の寮からも多くの人材が巣立っていくことになります。

「身元保証人」になって受け入れ

——75年4月、創価大学が中国からの正式な留学生を日本で初めて受け入れました。先生はこの6人の身元保証人でもありました。6人のうち、4人が滝山寮に入寮しました。

原田　留学生が入寮する際も、先生は「私も行ってあげよう」と、入寮式に出席されました。その折、先生は水が注がれたコップを指さして「これは日本語で『みず』ですが、『おひや』とも言います。このように日本語には、いろんな言い方があります。覚えていってください」と言われ、さらに「私は江戸っ子なので〝おしや〟というふうになります」とジョークを交えながら、留学生に〝日本語教育〟をしてくださいました。

また、先生は当時、学会の学生部長をしていた私に言われたことがあります。それは、留学生と同室の学生部員に対して「標準語で話すように」と伝えなさい、とのことでした。当時の創大の寮では関西弁を話す学生が多かったことを先生はよくご存じでした。その上で〝必ずや将来、外交の大

国交正常化後初となる中国からの正式な留学生6人と和やかに懇談される創立者・池田先生（1975年5月、創価大学）

舞台で活躍するであろう留学生たちが日本の標準語を早く覚えられるように〟と、配慮されたのです。

――この中国からの6人の留学生のうちの一人が、前駐日大使の程永華《ていえいか》氏ですね。

原田　中国の政府高官には、日本語に堪能でも公式発言は通訳に頼る人が多い。そうした中、程氏は自《みずか》らきれいな日本語で語られることがしばしばでした。

先生は、たびたび留学生にポケットマネーでごちそうし、来学された際には一緒に卓球をされ、励ましてくださいました。

また、「周桜」の植樹、両国の学生が共に開墾した農場への「日中友誼《ゆうぎ》農場」の命名など本当に心を尽くされました。留学生の皆さんは、かけがえのない思い出ができたと思います。

——当時、東西冷戦下でしたが、創大はソ連との教育交流も進めていましたね。

原田　74年9月、先生がモスクワ大学の招聘《しょうへい》でソ連を初訪問した折、先生の通訳をされていたのがモスクワ大学主任講師のストリジャックさんでした。日本語を学ぶ教え子の学生も手伝いに来てくれ、車や食事の手配、荷物の運搬など、さまざまに尽力してくれました。

先生は、その学生さんたちを大切にし、感謝と親しみを込めてニックネームを付けられたのです。車を手配するのは「運輸大臣」、食事の担当は「食糧大臣」というように。そういった交流が、2次、3次の訪問と積み重ねられていきました。

81年の第3次訪問の時、お手伝いをされていたメンバーの一人が、現在のガルージン駐日大使です。ガルージン氏は、翌年から創価大学に留学しました。「世界平和に尽くされる池田先生の姿が、私の外交官としての原点です」と語られています。

2008年2月、先生はロシアから「友好勲章《くんしょう》」を受けられ、駐日大使館で叙勲式《じょくんしき》がありました。その時も、ガルージン氏は公使として赴任していました。大使の通訳を務めた方は、第1次の訪問時に先生が「官房長官」とニックネームを付けた学生の息子さんでした。
先生が架けられた両国の友好の橋が万代へとつながっていることを強く実感した出来事でした。なお、ガルージン氏の日本語も程氏に負けず劣らず素晴らしいものです。

――イギリスの教育専門誌が発表する「THE世界大学ランキング　日本版2020」では、創大が「国際性」の分野で、前年の16位から6位に飛躍しました。

原田　先生は常々、「留学生を大使だと思って、誠意を尽くしていこう」と語られ、ご自身が直接励まされてきました。
現在、創大が世界に開かれた大学として目覚ましい評価を受けているのも、草創《そうそう》以来、先生が率先の行動で道を開いてくださったからこそです。後に続く創大生が、この大道を歩み続ける限り、創大は永遠に発展していくと確信します。

II部

未来を照らす人間教育の光③

慈愛と期待で真心の励まし

先生の心には、いつも創価学園生が！

――今回から、創価学園について、伺いたいと思います。1968年（昭和43年）、創価中学・高校が東京・小平市に開校しました。これが、「創価一貫教育」の第一歩となりました。

原田　池田先生は奥さまと共に、第3代会長に就任される1カ月前の60年4月5日に小平市を訪れ、創価学園の建設用地を視察されています。

前月末から、先生は繰り返し、会長就任の要請を受けていました。そして、視察の9日後の4月14日、ついに就任を受諾されます。その後、一切の広布の指揮を執《と》られながら、学園設立への準備を着々と進めていかれたのです。
創価学園の歴史とは、広宣流布即世界平和のために一人立ち上がり、戦い抜かれた池田先生の、この60年間と、軌《き》を一にしているといえるでしょう。

——東京の学園は2020年3月、中学・高校50期生が卒業しました。草創期《そうそうき》の様子は、小説『新・人間革命』第12巻「栄光」の章でも触れられています。先生は何度も学園を訪問され、生徒との数え切れない金の思い出をつくってくださっています。

原田　こんなこともありました。開校翌年の第2回入学式の日、先生は学園を訪れ、「この大事な1年間の歩みを記録に残してはどうか」と、校史の発刊を提案されたのです。すぐに中学、高校の代表メンバーが選抜され、5月11日に行われた第1回の編集会議にも出席してくださったのです。
先生は、若き日に戸田先生の出版社で少年雑誌の編集長をされた経験から、編集の方法や醍醐味《だいごみ》を学園生に伝えたかったのでしょう。何度も「分からないことがあれば何でも聞きなさい」と声を掛けてくださいました。まさに実践を通しての人材育成です。

——7月には、『創価学園　建設の一年』という校史が見事に出来上がりました。

原田　先生は発刊に際し、「この『建設の一年』は、単に学園の記録であるばかりではない。諸君ら一人一人の、人生の記録でもあるのだ。そして、未来への無限の可能性を秘めた宝箱なのだ」と寄稿されました。このように、先生は、〝手づくり〟で学園生一人一人の心に、生涯崩《くず》れぬ原点を刻んでいかれたのです。

2020年4月の入学式は、コロナ禍《か》による未聞の試練の中、オンラインで行われました。先生は「わが創価学園は、『人類の幸福の鐘《かね》』『世界の平和の鐘』を響かせゆく英知の大城です」と学園生に万感の期待を寄せられました。

先生の心には、「いつも学園生がいる」のです。

草創《そうそう》から海外の指導者らが来訪

――草創期以来、学園には多くの世界の指導者、識者が来訪しています。

原田　そうした伝統を築かれたのも池田先生です。70年10月17日には、「ヨーロッパ統合の父」であるクーデンホーフ＝カレルギー伯爵《はくしゃく》を学園に迎えました。開校から、3年目のことです。

伯爵は全生徒を前に「私の人生」と題して講演されました。世界的な識者の講演です。学園生にとって、どれほど大きな触発となったことでしょうか。

今、社会や学会の中核として活躍してい

る草創の学園出身者の中にも、この講演を聴いたことが自身の跳躍台になっていると語る方が多くいます。先生は中学生、高校生という若い時から、国際的な視野を持った人材の育成を考えて、具体的な手を打ってこられたのです。

——これまでに、5000人を超える海外の識者が東西の学園に来校されました。

原田　フランスの美術史家ルネ・ユイグ氏、ゴルバチョフ元ソ連大統領ご夫妻、モスクワ大学のホフロフ総長、平和学の創始者ガルトゥング博士など、そうそうたる方々です。

先生は学園の創立に際し、ご自身が「学園生の先頭に立って、世界の知性と対話しよう！」と固く誓っておられました。そこには、〝私の後に続いて「平和の道」を歩んでいってほしい〟との、先生の学園生への熱い思いがあったのだと思います。

——学園生に対する先生の慈愛《じあい》と期待に、改めて決意を深くします。

原田　先生は、学園のさまざまな式典や行事などに出席し、生徒たちに励ましを送り、期待を寄せてこられました。

高校1期生が卒業する際には、先生は「お祝いに、日本で一番おいしい中華料理をごちそうしてあげよう」と、卒業生の代表を有名なホテルのレストランに招待し、会食されたこともありました。

私も同席させていただきましたが、先生は将来、必要なことだからと、テーブルマナーを丁寧《ていねい》に教えてくださいました。

会食中も、質問に耳を傾けられるなど、生徒一人一人の人格を尊重し、大切に育んでいることが伝わってきました。

この高校1期生には、創価大学の理事長、学長、アメリカ創価大学の前学長もいます。未来を見据えての先生の真心の励ましが、こうして実を結んでいるのです。

「教育の勝利」が「人類の勝利」と

――学園には多くの愛唱歌があります。中でも「負けじ魂ここにあり」は東西の学園生が特に大切にする歌です。


原田　この歌は78年に東京校の生徒が「3番」まで作った歌詞を池田先生が推敲《すいこう》されたものです。さらに、作曲にも携《たずさ》わってくださった先生は「4番」の歌詞を加えられました。以来、学園で歌い継がれてきました。

２００９年2月、卒業を目前に控えた東京校の高校3年生が、この歌の合唱を録音し、先生にお届けしました。すると、先生は、3月11日、この歌の「5番」の歌詞を作詞し、贈られたのです。

5日後、東西の学園を中継で結んだ卒業式では、出席された先生の前で東西の学園生が大合唱しました。

〽正義の誇りに　胸を張れ
君に託さん　この大城《しろ》を
学べ勝ち抜け　世界まで
負けじ魂　朗らかに

「5番」に入ると先生は右手を高くあげ、節をとりながら、共に歌ってくださいました。東西の学園生が一体となり、偉大なる創立者のもと、誓いを新たにした歴史的な瞬間でした。

15年の卒業式でも感動的な出来事がありました。東西の学園を中継でつないで行われた式の終盤にスピーカーから、「みんな、おめでとう！　卒業おめでとう！　うれしいよ」との池田先生の声が響きました。先生は、卒業式の様子を見守ってくださっていたのです。そして、先生の呼び掛けで、「負けじ魂ここにあり」の大合唱が始まりました。

歌い終えると、「一緒に歌ったよ。上手だったよ。おめでとう！　おめでとう！よかったよ」との先生の声が再び聞こえました。場内は深い深い感動に包まれました。

先生は、かつて学園生に「私には、毎日欠かさない心弾む日課があります。それは大好きな創価学園の歌を聴くことです。私の生命から、君たち、あなたたち、学園生の歌声が離れることは、一日としてありません」との言葉を贈られています。

――17年4月5日、先生は奥さまと共に創価学園を訪問され、50期生の入学を目前に控えるキャンパスを視察し、時計塔や体育館などをカメラに納めてくださいました。

原田　奇《く》しくも、この日は先生がかつて建設用地視察のために訪れてから、ちょうど57年に当たる日でした。先生はこの時の真情をつづられています。

「かつての雑木林には、仰《あお》ぎ見る英知の大城が聳《そび》え立っている。今や世界の教育界も注目する大発展を、学園首脳と喜び合った。始業式の前日だったが、クラブ活動や新入生の歓迎の準備等に当たる学園生が、はつらつと躍動する息吹がうれしかった」

「『教育の勝利』こそが、『人類の永遠の勝利』と叫ばれた牧口先生、戸田先生の会心《かいしん》の笑顔が浮かぶ」

先生がどれほど学園を愛し、学園生の成長を願われているか――とても計り知ることはできません。学園生の皆さんはこの誇りを胸に、人生を歩んでいっていただきたいと思います。

II部

未来を照らす人間教育の光④

創立者との強き絆《きずな》

「将来、皆が立派な博士、指導者に」

――1973年（昭和48年）には、大阪・交野《かたの》市に創価女子学園（現在の関西創価中学・高校）が開校します。小説『新・人間革命』第17巻「希望」の章には、この時のことが詳しくつづられています。

原田　池田先生が初めて交野を訪れたのは、57年4月16日です。この日、先生は友の激励のため、大阪中を駆《か》け巡っていました。

後に「関西の共戦の友は、三世永遠の家族である。そのお子さんやお孫さんが胸を張って学びゆく理想の学園を、この佳《よ》き地につくりたいと、私は遠大な夢を、人知れず広げていたのである」と述懐《じゅっかい》されています。

この2カ月半後、学会という民衆勢力の台頭を妬《ねた》む権力により、池田先生が不当逮捕される「大阪事件」が勃発《ぼっぱつ》します。先生は迫り来る権力の魔性との激闘の中、教育運動の未来を展望されていたのです。

先生は、「21世紀は女性の世紀である」との視点から、東京に男子校として創価学園の開校が決まった頃から、次は、創価女子学園を関西の地につくることを心に決めておられました。

69年5月には女子学園の候補地となっていた交野《かたの》の用地を視察されています。周囲に自然が残り、野鳥の鳴き声が響く、素晴らしい場所でした。

先生は、女子学園の構想として、緑と水が豊かで風光明媚《ふうこうめいび》な所、という考えをお持ちでした。その構想に、交野はぴったりだったのです。未来の学園生のため、自《みずか》ら足を運び、自らの目と耳で確かめて、建設の地を決めていかれたのです。

——73年4月11日に行われた入学式には先生が出席され、原点となる指針を示してくださいました。

原田　あいさつの冒頭、「今朝、妻に『うちは男の子しかいないから、全員、娘にしたいな』って言ったら、妻も『そうしたいですね』って言うんですよ」と語られ、会場からは歓声が上がりました。先生と学園生の心の距離の近さを実感いたしました。

参加者の中には、このような光景に「心の交流というよりも、生命の触れ合いを見た感じです」と目頭を押さえながら語る人もいました。

さらに、この時、先生は「他人の不幸のうえに自分の幸福を築くことはしない」という信条を培《つちか》うよう訴えられました。そして、「この心をもち、実践していったならば、まれにみる麗《うるわ》しい平和な学園が実現するでありましょう」と語られています。この言葉は、学園全体にとって永遠の指針となりました。

――開校から30年を経た2003年には、この指針を刻んだ「平和教育原点の碑」が設置されました。

原田　その通りです。第1回入学式の後には「卓球場開き」が行われました。先生は、式服から運動着に着替え、一緒に汗を流されました。生徒たちの「先生がんばって!」「ドンマイ、ドンマイ!」との掛け声にも全力で応えておられました。

「テニスコート開き」でも先生はラケットを握られ、ダブルスでは、私も先生のパートナーを務めさせていただきました。まさに体当たりで学園生と接する先生の姿、そして先生を求め抜く学園生の姿に深く感動したことを覚えています。

終了後も先生はグラウンドの片隅に腰を

おろし、生徒たちの状況に耳を傾けながら懇談されました。

同年5月にトインビー博士との対談などのためにヨーロッパに行かれた際も、女子学園のことを気に掛けていた先生は、訪れたパリでフランス人形を買い求め、帰国後、「園子《そのこ》」と名付けて、女子学園に贈られました。園子の名は女子学園生の愛称にもなりました。

海外訪問の予定を変更して来校

――先生は激務の中、関西学園を何度も訪れ、生徒たちを直接、激励してくださいました。その一回、一回が学園生にとって宝の歴史です。

原田　１９７５年4月のことです。この年、女子学園では中学1年から高校3年までがそろい、関西創価小学校の起工式も行われる予定でした。先生は、第３次訪中の直前でしたが、「何としても関西の学園生を励ましてあげたい」と日程を調整し、出発を当初の予定の羽田から大阪に変更されたのです。

4月12、13日と学園を訪問し、翌14日には訪中に出発されるという過密な日程でした。半年ぶりの学園訪問です。先生は、「大きくなったね」と一人一人を激励されていました。

9日に入学式は終わっていましたが、式が行われた体育館にも立ち寄られました。そこには、入学式当日の飾り付けが残され

関西創価学園の学園生との懇親会でピアノ演奏をされる池田先生（1995年10月10日）

ていて、大きな幕には3羽の白鳥と共に「良識・健康・希望」とのモットー等が描かれていました。ご覧になった先生は、すぐにこの幕を制作したメンバーを招き、激励してくださったのです。先生は常に〝陰の人の苦労〟に光を当て、たたえられます。この時も、どこまでも一人を大切にする人間教育の真髄《しんずい》を見る思いでした。

――82年、東西の学園は男女共学になります。

2000年2月28日、先生は卒業予定の関西創価高校・中学・小学生と記念撮影、懇談もしてくださいました。

ある女子生徒の「池田先生の夢は何ですか？」との質問に、先生は「夢を考える暇《ひま》がないぐらい忙しいんだよ。世界中のことを考えているから」とユーモアを交えながらも、「私の夢は、戸田先生の夢を実現することです。戸田先生は、私の絶対の師匠です」と断言されました。真剣なまなざしで「師弟」を語られる先生のお姿は今も鮮明に覚えています。

原田　前日、先生はアルゼンチンの国立ノルデステ大学から名誉博士号を受けられました。このことに触《ふ》れながら、「私への栄誉については、私自身は『創価大学生、学園生が世界で活躍しているおかげである』と思っている」「皆さんが将来、名実ともに立派な博士となり、指導者になってもらいたい。それが最大の私の夢である」とも語られています。

また、1974年12月、中国で周恩来総《しゅうおんらいそう》理《り》との会見後、宿舎に戻られた先生が「私には創大生、学園生がいる。20世紀後半には、必ず人材が陸続と出てくるんだ」と、誇らしげに語られていたことが、私は忘れられません。

先生の万感の期待を胸に人生を歩む創価同窓の皆さんは、どれだけ幸せでしょうか。

「学びやに対話の気風」と識者

――今の学生部にも、修学旅行での先生との出会いを生涯の原点としている関西創価小学校の出身者が多くいます。

原田　2005年9月16日には、創価大学の本部棟前で、修学旅行中の関西創価小学校6年生と出会いを刻んでくださいました。先生は児童たちの方へと歩み寄られ、「よく来たね！」「会えて、うれしい」「みんな優秀だ」と温かく声を掛けられ、その場にいた6年生110人全員と握手をされました。小柄な子には、「私もね、6年生の時は、小さかったんだ。同じだよ」と声を掛けられる一幕もありました。まさに一人一人を抱きかかえるように励ましてくださったのです。

また、07年には、先生は東京・信濃町で関西小の児童を迎えられました。

全員に言葉を掛けたあと、マイクをとり「みんな、どうもありがとう！　この中から、ノーベル賞をとる人も出ます。必ず出ます。そうなるように、先生も祈るからね」と、呼び掛けられました。子どもたちも「池田先生、6年間ありがとうございます！」「立派な人材になります！」と感謝や決意の言葉を精いっぱい、先生に伝えました。子どもたちの心には一生の思い出が刻まれたことと思います。

――15年度には関西創価高校、16年度には東京・創価高校が、文部科学省が国際的なリーダーの育成を支援する教育事業「スーパーグローバルハイスクール」の指定を受けました（関西校は19年度で期間満了）。

原田　両校共に〝創造性豊かな世界市民

の育成〟との理念のもと、国際性豊かな人材の輩出に取り組んできました。今、その先見性ある教育方針と、確かな成果は教育関係者はじめ、各界から注目を集めています。

――19年11月に関西校を訪問したイギリス・ケント大学名誉教授のヒュー・マイアル博士は「平和の心を世界に広げたいと学び、行動を起こす学園生の姿に、感銘を受けました」と語っていました。

原田　ハーバード大学名誉教授のヌール・ヤーマン博士も「創価の学舎には、対話の気風があふれていました。対話が平和建設に不可欠であることは、歴史を見ても明らかです」と鋭く述べています。相次ぐ高い評価も、すべて、創立以来、池田先生が誰よりも学園の発展を願い、学園生のために尽くし抜いてくださったからなのです。

II部
未来を照らす人間教育の光⑤

世界に広がる創価の学びや

「人生最後の事業」と定め、発展に全力

――東西の創価学園、創価大学に続いて、1976年（昭和51年）には、札幌創価幼稚園が開園しました。なぜ、北海道だったのでしょうか。

原田　幼稚園設立も明確に戸田先生のお考えにありました。1955年1月、池田先生は、戸田先生と共に高知を訪問しました。その際の質問会で「学会は学校をつくらないのですか」との問いに対し、戸田先生は「今につくります。幼稚園から大学まで。一貫教育の学校をつくる。必ず、日本一の学校にするよ！」と答えられたのです。

この時の、幼稚園から始まる創価一貫教育という戸田先生の構想を、池田先生はしっかりと受け止められていたのです。

　どこに幼稚園を開設されるか、先生は思案されていました。北海道は牧口先生、戸田先生の故郷です。そして、札幌は牧口先生が教師として初めて教壇に立った地です。池田先生が北海道の地を選ばれたことに、牧口、戸田両先生への深い敬意を感じずにはいられません。


――池田先生は開園の前日にも札幌創価幼稚園を訪問され、教職員と懇談してくださいました。そこで、「創価教育の最初の『教育の門』が完成しました」と語られています。


原田　そうです。入園式当日、先生は自《みずか》ら園児を出迎えようと、幼稚園の玄関に立ち、一人一人に「よく来たね」「仲良くするんだよ」と優《やさ》しく声を掛けられていました。また「一緒に記念撮影をしようね」と次から次へと、園児を招き寄せ、ひざの上に抱っこして、記念のカメラに納まっていました。

　入園式にも出席された先生は、式が終わってからも、ロビーで園児たちに童話を語ったり、皆にクレヨンやノートなどをプレゼントしたりと、励ましを送り続けました。

　入園式の日、当初は予定になかったのですが、先生は帰宅のバスの運行を提案し、ご自身も園児らと共に同乗されました。思い出をつくってあげたい、とのお気持ちと同時に、通園の状況、特に安全面も確認されたかったのだと思います。

車内は、園児が先生を囲むように席に座り、歌をうたったり、なぞなぞをしたりと、和やかな雰囲気に包まれました。乗降場所で園児がバスから降りるたび、先生は、「さようなら。また明日ね」と、手を振って見送りました。子どもたちも「先生、ありがとう!　さようなら」と元気いっぱい挨拶をし、心温まる交流を続けられたのです。

成長を願い、全力で園児と関わる先生の姿に接した教職員や保護者も、深い感動に包まれたことは言うまでもありません。

各国の幼稚園も高い信頼と評価

――現在、創価幼稚園のネットワークは香港《ホンコン》、シンガポール、マレーシア、ブラジル、韓国に広がりました。先生も海外指導のたびに足を運ばれ、園児たちと交流されています。

原田　92年9月、海外で初めてとなる創価幼稚園が香港の地に誕生しました。翌年5月には先生が初訪問されています。

今、世界中が新型コロナウイルスの感染拡大と戦っていますが、2003年には新型肺炎(SARS《サーズ》)の猛威《もうい》が香港を襲い、教育機関の休園・休校が広がりました。創立者である池田先生は即座に子ども用のマスクを多数用意し、香港創価幼稚園に贈られたのです。

先生の真心に触《ふ》れ、香港《ホンコン》創価幼稚園では教職員が、自分たちも子どもたちのために、何かできることはないか、真剣に知恵を出し合いました。そして、各家庭で学習を進められるように、授業の内容を録画したビデオCDを作成し郵送しました。内容も素晴らしく、園児からも大好評だったそうです。

こうした対応が評価され、約2カ月後、授業が再開した際には、香港の教育長官が同園を訪れました。衛生面での対策が万全であることから、香港創価幼稚園は衛生教育の「モデル校」として選ばれたのです。

海外の創価幼稚園が現地で信頼され、実績を重ねている様子は、創価教育の持つ普遍的な力を社会に広く証明していることにほかならないと思います。

師の構想を実現した弟子の闘争

――2001年、アメリカ創価大学オレンジ郡キャンパスが開学しました。先生は、アメリカ創価大学の設立構想を、いつごろから練られていたのでしょうか。

原田　先生は創価大学が開学した当初から、アメリカにも大学をつくる構想を周囲に語られていました。その上で、本格的に着想されたのは1975年1月、SGI発足へ向かう戦いの中にあった時だと思います。この頃、先生は繰り返し繰り返し、「アメリカにも創価大学をつくりたいな」との思いを語られていました。先生の壮大な世界平和への構想のひとつに、アメリカ創価大学があったことは間違いありません。

先生は80年10月、さらに翌81年前半には3度訪米されています。また、同年1月には、用地取得に向けた最初の視察団がアメリカを訪れるなど、具体的な動きが始まりました。

——この時期は第3代会長辞任から、反転攻勢《はんてんこうせい》の戦いを起こされていた時です。壮絶な闘争の中でも、創価教育のさらなる発展を願い、行動されていたことに感動を禁じえません。

原田　84年3月10日には、先生が出席され、カリフォルニア州サンディエゴ市の郊外で、創価大学サンディエゴ校の起工式が行われました。

先生はあいさつの中で「人間の人間たる一つの証《あか》しは、学問をすること、真理の探究にあるといってよい。平和と文化の発展といっても、学問つまり教育の向上がその基本となる」と訴えられ、人類社会に貢献する人材を輩出したいと語られました。そして「もし私の代に完成しない場合には、私の遺志《いし》を継《つ》いで何十年かかろうとも、その実現をお願いしたい」と語られたのです。

私も参加しておりましたが、先生が語られた遠大な創価教育の未来像に会場から深い感動の拍手が送られました。

その後、市当局の方針が変わり、同地で

の建設は見送られましたが、関係者らが尽力する中、87年2月3日にロサンゼルス市近郊のカラバサスに、創価大学ロサンゼルス分校が開所。先生は同キャンパスを幾度《いくど》も訪問され、学生を激励されるとともに、識者との会見を重ねられました。

ノーマン・カズンズ氏、ライナス・ポーリング博士、ローザ・パークス氏――いずれも、平和と人道のために生涯をささげられた方たちです。

――95年にはカリフォルニア州オレンジ郡に、待望のアメリカ創価大学の建設が決定しました。

原田　95年3月に開かれた、大学建設の認可を決定する郡の公聴会では、ローザ・パークス氏の代理人から開学を支援する書簡が朗読されました。

「池田博士は、平和と未来への展望の人であります」「創価大学は、〝世界の平和〟と〝人類の繁栄〟という私の信念を共有する大学です。そして、この大学の教育プログラムが、次の世紀にとって極めて重要なものであると、私は考えます」

公民権運動の闘士として戦ったパークス氏は、アメリカでは誰もが知っている〝人権の母〟といわれる女性です。そのパークス氏が、アメリカ創価大学の設立に、自《みずか》ら尽力してくださったのです。

公聴会では満場一致で開発が許可されました。先生が結んだ識者との信頼の絆《きずな》が、

カリフォルニア州オレンジ郡に広がるアメリカ創価大学のキャンパス

大学建設への扉を開いていったのです。

――そして、ついに2001年5月3日、アメリカ創価大学オレンジ郡キャンパスが開学の日を迎えました。

原田　世界中の全同志は、長年にわたって「2001年5月3日」を目指し、師弟の心ですべての活動に取り組んできました。その、あまりにも意義深き佳節に、世界に平和と文化の光を送りゆく「人間教育の最高学府」が誕生したのです。

――創価三代の会長が築かれた創価教育の真価は、卒業生一人一人がその理念を胸に、今いる場所で活躍することにあると自覚しています。

原田　先生は教育を「人生最後の事業」と定めて、創価教育の発展に尽くし抜いてこられました。そして、第3代会長就任以来、死身弘法《ししんぐほう》の戦いの中、わずか60年で世界各地に教育機関を設立されたのです。その根本は、牧口先生、戸田先生の構想を実現しようとする、池田先生の弟子としての誓願にあったことは言うまでもありません。

先生は「人間は等しく幸福になる権利をもっている。それを実現するための価値創造の教育、人間主義の教育が創価教育である。ゆえに、一人ひとりが、その実現に生涯を傾けていってこそ、創価教育の結実がある」とつづられています。この思いを胸に、創価同窓の皆さんが世界の平和のため、人々の幸福のために尽くす人生を歩まれることを、期待してやみません。

Ⅱ部
「御書根本」を貫く
民衆仏法の学会教学①

〝実践の教学〟こそ学会の伝統

永遠に、日蓮大聖人直結で進む！

――学会は日蓮大聖人の「民衆仏法」「人間主義の仏法」を現代によみがえらせ、草の根の教学運動を展開してきました。今回からは「大聖人直結」「御書根本」の学会教学をテーマに、お伺いしたいと思います。

原田　そもそも、学会の教学とは何か。それを一言で表せば、「実践の教学」です。池田先生は随筆で、「大聖人の教学とは、生き抜く力、戦い抜く力、広宣流布への力となってゆく教学」であり、「自身の血肉《ちにく》となって、あらゆる現実の人生と戦い進む、社会にあって断じて勝つための教学」であるとつづられました。

つまり、観念の教学でも、知識としての教学でもありません。どこまでも「御書根本」に、現実の変革に挑《いど》みゆく「広宣流布のための教学」なのです。

――「実践の教学」「広宣流布のための教学」は、初代会長・牧口先生の時代からの学会の伝統です。それが宗門にはありませんでした。

原田　1942年（昭和17年）11月、創価教育学会の第5回総会で牧口先生は、「法華経の信者と行者と学者及び其研究法」と題して講演されています。その中で牧口先生は、同じ信心をしていても、「信者」と「行者」と「学者」の区別があると訴えられました。

「信者」とは、「自分ばかり御利益《ごりやく》を得て、他人に施《ほどこ》さぬやうな個人主義」の信心のことで、旧信徒ら（法華講など）がこれに当たると。

そして、「日蓮正宗の信者の中に『誰か三障四魔《さんしょうしま》競《きそ》へる人あるや』と問はねばなるまい。そして魔が起らないで、人を指導してゐるのは『悪道《あくどう》に人をつかはす獄卒《ごくそつ》』でないか。然《しか》らば魔が起るか起らないかで信者と行者の区別がわかるではないか」とも喝破《かっぱ》されました。

――「信者」と「行者」。ここに、学会と宗門の決定的な違いがあります。

原田　戦時中、軍部政府の弾圧を恐れ、保身のため総本山に神札を祭り、御書の御文を14カ所も削除した宗門。一方、神札を厳然と拒否し、三障四魔を呼び起こして大聖人の正法正義《しょうほうしょうぎ》を守り抜いた学会。この一事をもってしても、どちらが「行者」であるかは明白です。しかも宗門は学会の大発展を妬《ねた》み、破和合僧《はわごうそう》の大罪を犯《おか》しました。宗門はもはや「信者」ですらなく、「悪道に人をつかはす獄卒」にほかならないのです。

「獄中《ごくちゅう》の悟達《ごだつ》」に創価の源流あり

――43年7月6日に、牧口先生と戸田先生が治安維持法違反《ちあんいじほういはん》と不敬罪《ふけいざい》の容疑で逮捕・投獄され、翌44年11月18日に牧口先生が殉教《じゅんきょう》されました。ちょうど同じ頃、戸田先生は、独房の生活の中で「獄中の悟達」を得て、地涌《じゆ》の菩薩《ぼさつ》の大使命を自覚されます。池田先生は、「そこに創価の精神の源流が開かれた」と示されています。

原田　戸田先生の悟達については、小説『人間革命』第4巻「生命の庭」の章の中で、詳しくつづられています。私自身、それを初めて読んだ時の衝撃と感動は、今なお鮮明です。

　東京拘置所の3畳ほどの独房で、戸田先生は一日1万遍の題目を唱え、法華経を読み、思索を重ねられました。その中で、「仏とは生命なり」「われ地涌の菩薩なり」との悟達《ごだつ》を得られます。戸田先生は、日蓮大聖人の仏法への確信を不動のものとするとともに、広宣流布の指導者としての自《みずか》らの使命を自覚されたのです。

49年7月に創刊された「大白蓮華」の巻頭言で戸田先生は、獄中《ごくちゅう》での悟達をもとにした論文「生命論」を寄稿されました。

その恩師の大論文を読まれた池田先生の感動は、「大白蓮華」の第2号に掲載された詩「若人《わこうど》に期す」に記《しる》されています。

「ああ　その刹那《せつな》の感動！／驚嘆《きょうたん》の生命のおののき／それは若人の心の跳躍《ちょうやく》だ」

「若人よ　わたしは身を投じよう／智あるものは知れ／人類を慈愛《じあい》する者は動け／悠久の平和――広宣流布」

この時、池田先生は入信してまだ2年です。しかし、そこには、弟子としての深い自覚と金剛《こんごう》の決意と姿勢が脈打っています。

――戸田先生は出獄後、〝戦時中の弾圧で幹部が退転したのは、教学がなかったからだ〟と厳しく指摘され、法華経の講義を開始されました。

原田　戸田先生が学会を再建する上で重要視されたのが教学です。戦後、広宣流布の歩みを始めるに当たり、戸田先生は仏法の真髄《しんずい》を知らしめるため、少数精鋭《しょうすうせいえい》で法華経の講義を進められました。

そして50年からは、事業の苦闘が続く中、並々ならぬ気迫を込め、池田先生をはじめ

「実践の教学」は、創価三代の師弟に貫かれた永遠の学会精神である（絵・間瀬健治）

とする後継の青年部の代表に御書講義を始められます。ほぼ毎週のように続く講義のペースは、戸田先生の会長就任が近づいても変わることはありませんでした。

――戸田先生が、51年の第2代会長就任後、学会常住《じょうじゅう》御本尊の発願《ほつがん》、学会の宗教法人の取得とともに決断されたのが、御書全集の発刊でした。

原田　当時、他宗派等が発刊した不十分な御書しかなく、大聖人の御真意《ごしんい》を正確に伝えるものではありませんでした。

51年6月の支部長会で戸田先生は、御書全集発刊を初めて明らかにされ、「たとい会員諸君が反対しようとも決行する」と、その決意を述べられました。ひとえに令法《りょうぼう》久住《くじゅう》、広宣流布のためです。

そして戸田先生が、御書の発刊を宗門に提案すると、〝了承はするが、援助はしない〟と冷たい態度を取ってきました。当時、宗門が夢中になってこだわっていたのは、大石寺の梵鐘《ぼんしょう》の鋳造《ちゅうぞう》だったのです。

――戦時中、宗門は軍部に兵器資材として、梵鐘や仏具など約8トンを供出《きょうしゅつ》しました。そして立宗700年に合わせ、再び梵鐘を作ろうとし、「御書」よりも寺院の権威を取り繕《つくろ》うことを優先しました。

原田　結局、堀日亨《ほりにちこう》元法主に編さんの協力をしていただいたほかは、校正作業をはじめ、資金の調達など、すべて学会の手で行ったのです。

そして、連日連夜にわたる編さん・校正作業を経て、52年4月28日、立宗700年の日に、戸田先生の発願からわずか10カ月で『日蓮大聖人御書全集』が完成しました。

強く・善《よ》く・賢くなるための宗教

――戸田先生は御書全集の「発刊の辞」で「諸法実相抄」の一節を拝し、「剣豪《けんごう》の修行を思わせるが如《ごと》きその厳格なる鍛錬《たんれん》は、学会の伝統・名誉ある特徴」とつづられています。

原田　学会が発展したのは、剣豪の修行のごとき精神で「実践の教学」に徹してきたからにほかなりません。私たちは今一度、深く胸に刻んでいきたいと思います。

ともかく、学会が大聖人直結で「信・行・学」に励み、仏道修行の王道を真っすぐに歩むことができるのも、御書があるからこそです。

日蓮大聖人の仏法は、民衆仏法です。人間の尊厳に目覚めた一人一人が、迫害や非難、中傷にも屈せず、苦しむ人々のため、より良き社会建設のために、勇敢に粘り強く正法を弘《ひろ》めていく。人間が「強く」「善く」「賢く」なっていく「人間のための宗教」です。形式化、権威化して民衆を見下す「宗教のための宗教」ではない。だからこそ世界に広まったのです。

20世紀を代表する歴史家トインビー博士も、「日蓮の地平と関心は、日本の海岸線に限定されるものではなかった。日蓮は、自分の思い描く仏教は、全《すべ》ての場所の人間の仲間を救済する手段であると考えた」。

そして、「創価学会は、人間革命の活動を通し、その日蓮の遺命《ゆいめい》を実行しているのである」と述べられています。

――その通りに、今日、学会の教学運動は、民衆による世界的な一大哲学運動になりました。

原田　戸田先生は「発刊の辞」の中で、「この貴重なる大経典が全東洋へ、全世界へ、と流布して行く事をひたすら祈念して止まぬものである」とも、つづられています。

この時点で戸田先生は、世界宗教としての創価学会を明確に構想されていたのだと思います。

戸田先生が念願された通り、御書は今や、英語、中国語、スペイン語、韓国語、フランス語、ドイツ語、イタリア語など10言語以上に翻訳され、世界192カ国・地域の同志が日々、大聖人の仏法を学び、自行《じぎょう》化他《けた》の実践に励む時代になりました。

――「本朝《ほんちょう》の聖語《せいご》も広宣の日は亦仮字《またかな》を訳して梵震《ぼんしん》に通ず可《べ》し」（御書1613ページ）との日興上人の仰《おお》せを現実のものにしたのも学会です。

原田　池田先生はかつて、このように語られました。

「われら創価の師弟は御書全集を身をもって拝《はい》し、御書根本に一閻浮提《いちえんぶだい》への広宣流布を成《な》し遂《と》げている。『いよいよ頼もし』と誇りも高く、進んでまいりたい」「日本の安穏《あんのん》と世界の平和のために、われらはいやまして『立正安国』の大光を威風堂々《いふうどうどう》と放っていくのだ」

人類は今、未曽有《みぞう》の事態に直面しています。だからこそ生命尊厳、人間主義の仏法哲理が希求《ききゅう》されています。

私たちは永遠に大聖人直結で「実践の教学」を貫き、「広宣流布」と「立正安国」の旗を掲げながら、さらに励ましの対話を重ねていきたいと思います。

Ⅱ部

「御書根本」を貫く
民衆仏法の学会教学②

人間革命から
社会の変革が

確かな〝人生の羅針盤《らしんばん》〟を持ってほしい

――「混迷《こんめい》せる現代思想の革命は、この大思想による以外ないと確信する」――これは池田先生の『御義口伝講義《おんぎくでん》』の「序」の一節です。先生は1962年（昭和37年）8月から、学生部の代表に対して「御義口伝」の講義を開始されました。

原田　その経緯や時代背景は、小説『新・人間革命』第6巻「若鷲」の章に詳しく描かれています。

62年7月16日、先生が学生部の代表と懇談された際、学生から〝ぜひ御書講義を〟との懇願がありました。先生は「よし、やろう!」「一緒に勉強していこう」と快諾され、翌8月から講義を始めることを提案してくださったのです。

その6日後に行われた第5回学生部総会の折、先生は講演の最後にこう望まれました。

「学生部の皆さんには、日蓮大聖人の仏法と、実存主義やマルクス主義といった思想・哲学と、どちらが偉大であるのかを、徹底的に究明していってほしいのです」

「〝人類を救《すく》い得《う》る世界最高の哲学は、確かにこれしかない〟と確信したならば、その信念にしたがって、仏法の大哲理を胸に、民衆の味方となり、不幸な人びとを救うために、生涯、生き抜いていただきたい」

――その2年前の60年当時、日本は安保闘争の渦中《かちゅう》にありました。いわゆる、日米安保条約に異《い》を唱える多くの学生らが、デモに参加していた時代でした。

原田 当時、私は大学1年生でした。入学しても、授業はほとんどなく、ストライキが毎日のように行われ、私自身もデモに参加しました。当時の学生の多くは、マルクス主義に傾倒《けいとう》していました。

〝今、目指すべきは「人間革命」か「社会革命」か〟――学生部の仲間の心も揺《ゆ》れ動いていました。人間革命がなければ、本当の社会革命もありえないことに気付いていながら、それはあまりに迂遠《うえん》な道であると感じ、〝今は社会革命が先ではないか〟

との考えに駆《か》られてしまっていたのです。

60年6月15日の国会構内突入のデモにも、多くの学友と共に参加しました。国会南通用門から突入した時、警官隊が警棒を振り上げて学生たちに襲い掛かりました。すさまじい怒号《どごう》と悲鳴でした。深夜に帰宅した私の背中には、倒れていた友人を抱きかかえた時に付着した血が、びっしりと、こびり付いていました。そしてこの日、女子学生の樺美智子さんが命を落としてしまうという、痛ましい出来事があったのです。


「偉大な人生を目指し、頑張れ」

――結局、日米安保条約は発効され、現在にまで至っています。今、安保に対する人々の意識は、当時とは隔世《かくせい》の感があるのではないでしょうか。


原田　今思えば、あの運動の意味は何だったのか。あの学生運動のエネルギーが、果たして日本を、世界を、どう変えたのか。何が残ったのか――。

多くの学生たちの思いは純粋なものでしたが、そう思う時、確固たる哲学のない運動、民衆から遊離《ゆうり》した運動が、いかにはかないものかを痛感せざるを得ませんでした。学生たちの心は、精神的な空虚感《くうきょかん》に包まれていました。

その翌年、私は有り難くも、学生部の代表として、初めて池田先生と懇談させていただく機会がありました。

「古今東西、偉大な人物は、いずれも宗

教のバックボーンがある。君たちは偉大な宗教を護持《ごじ》している。今後、偉大な人生を目指して頑張れ!」

目が覚める思いがしました。

〝やはり、人間には確かな哲学が必要なんだ。そして、人間自身を変革する以外に、社会を変えることはできない〟。そう確信した時、「弟子として、まず自分自身が人間革命しよう」「創価の民衆運動に徹しよう」と腹を決めることができたのです。

――先生が学生部に「御義口伝《おんぎくでん》」を講義されようと思ったのは、学生部こそ真の宗教革命と社会変革の旗手《きしゅ》になる使命があるからですね。

原田 そう思います。東西冷戦のさなかにあって、〝今後、人類はどういう方向に進むべきか〟〝人間にとって何が一番大事なのか〟ということを常に洞察《どうさつ》された上で、先生は「御義口伝」講義を決断されたのだと思います。

「若鷲」の章に、「御義口伝」を選ばれた理由について、「『御義口伝』は、あらゆる思想、哲学の最高峰であり、日蓮大聖人の仏法の生命観、宗教観、宇宙観などの原理が、あますところなく説《と》かれている」

「獄中で法華経の極意《ごくい》を悟達《ごだつ》した戸田は、『御義口伝』をもとに法華経を講義し、仏法を生命の法理として現代に蘇《よみがえ》らせた。今、伸一もまた、この『御義口伝』の講義をもって、大聖人の仏法の大哲理を、新時代を建設する指導原理として示そうとしていたのである」と記されています。
今こそ深き使命を自覚し、学生部員に確かな〝人生の羅針盤《らしんばん》〟を持ってほしいという先生のお心があったと思います。

理念と実践とは一体であるべき

――原田会長は1期生として「御義口伝」講義を受けられました。その時の様子、特に印象に残っているご指導をお聞かせいただければと思います。

原田　講義は大変に厳しいものでした。講義を通して、一人一人を〝学会の、そして世界の大指導者に育てたい〟との先生の強い思いが響《ひび》いてくるのを感じました。

我々の御書の拝読がたどたどしい時には、「あまりにも安直《あんちょく》な読み方です」と烈火のごとく指摘されました。そして、「君たちは、物事を疑いの眼で見ている。学問研究は、それでいいかもしれない。しかし、日蓮仏法はそうではいけない。まず御書の一行一行、一文字一文字を〝真実、真実、全くその通りでございます〟との深い思いで、すなわち、信心で拝し、信心で求め、信心で受けとめていこうとすることが大事だ」と教えてくださいました。
さらに、「御書は身口意《しんくい》の三業《さんごう》で拝《はい》すのだ。大聖人の仰《おお》せの通りに生き抜こうと心に誓い、口に出して人にも語り、わが身で具体的に実践し、身読していくことが大事だ」と、理念と実践とは一体であるべきという、行学錬磨《ぎょうがくれんま》の根本を打ち込んでくださったのです。

先生のご指導に接し、ただ講義を聴けばよいという、受け身の姿勢で臨んでいた自身を猛省しました。以来、一回一回の講義には、真剣勝負で臨ませていただきました。

——学生部は、「You Tube」（限定公開）を活用して、オンラインで御書を学んでいます。先生のご指導を、私たちも心してまいります。

原田　先生は、緊張感の中でも、具体的な例えを交えて講義をしてくださり、毎回、心が大きく開かれる思いでした。

「不変真如《ふへんしんにょ》の理《り》」と「随縁真如《ずいえんしんにょ》の智《ち》」という難解な哲理に触《ふ》れられた折には、その場にいた私を例に挙げて、こう述べられました。

「彼はこうして講義を聴いていることもあれば、電車に乗ったり、食事をしたり、眠ったりすることもある」「ところが、何をしていても、同じ原田君という人間である。そこには彼を彼ならしめている統合性、いわば法がある。これが不変真如の理です。そして、さまざまな彼の生命活動は、随縁真如の智になる」と。新鮮な驚きと感銘を受けたことは忘れられません。

また先生は、毎回の講義のたびにお菓子や食事を用意され、一人一人を温かく包み込み、励ましてくださいました。会場の下足箱の前に立ち、底の擦《す》り減った靴を見つ

学生部の代表に「御義口伝」を講義する池田先生（1962年8月31日、旧聖教新聞本社）

けると、後から、その持ち主に新しい靴を買ってくださったこともありました。

皆、先生の熱いお心に触れ、涙する思いで成長を誓い、奮起することができました。

――東京での「御義口伝《おんぎくでん》」講義は、約5年間、続けられました。その間、63年9月からは関西で、京都大学の学生に「百六箇抄《ひゃくろっかしょう》」、64年11月からは関西以西の代表に「御義口伝」、そして同年12月からは中部の友に「諸法実相抄《しょほうじっそうしょう》」の講義を行われました。

原田　学生部への御書講義はすべて、日蓮仏法の究極の哲理を生命に刻む、先生手作りによる人間教育の場となりました。

「若鷲」の章に先生の思いがつづられて

います。

「伸一が多忙に多忙を極めたこの時期に、学生部への講義をいっさいの行事に最優先させてきたのは、広宣流布の壮大な未来図を実現するためには、新しい人材の育成が、最重要の課題であると考えていたからだ」

「もともと病弱な身でありながら、心身を削《けず》るかのように、日々、フル回転し続ける伸一には、自分はいつ死ぬかもしれないという思いがあったからでもある」と。

国内外を東奔西走《とうほんせいそう》される多忙な日々の中、まさに命を削る思いで講義を続けてくださったことを思うと、先生が次代のリーダーの育成に、どれほどの決意で取り組まれていたのか、感謝の念に堪えません。

今度は、私たちが次代を担う人たちを全《ぜん》魂《こん》込めて励まし、共に戦っていく時です。

私自身、誉れの学生部、なかんずく、先生から薫陶《くんとう》を受けた「池田大学」の出身者の一人として、そう、改めて誓うばかりです。

II部

「御書根本」を貫く
民衆仏法の学会教学③

青年の育成が未来を創《つく》る

大聖人御聖誕800年を祝賀　新版の御書全集が発刊

――「顕仏未来記《けんぶつみらいき》」に「伝持の人」（御書508ページ）とあります。池田先生は、「『伝持の人』とは『後継の人』ともいってよい」「未来部の前進が、広布の前進だ」と、未来を担う各部の育成に全力で取り組まれてきました。

原田　先生が高等部を結成されたのは、1964年（昭和39年）6月です。第3代会長就任後、最初につくられた部となり、その翌年に中等部、少年少女部（当初は少年部）の結成へと続いていきます。

当時の学会の幹部には、そうした発想は

全くなく、「未来のための布石は大切ですが、優先すべきことが、たくさんあるように思います」と言う幹部もいました。

しかし、先生は断言されたのです。「30年後、40年後の学会をどうするのか。その時、学会の中核になっているのが、今の高校生です。苗《なえ》を植えなければ、木は育たない。大樹が必要な時になって苗を植えても、手遅れだ」と。

先生は常に、広宣流布の未来を見据えておられました。また当時、社会では少年の非行が深刻化し、青年の目的観の欠如《けつじょ》が叫ばれていた時代でした。

高等部の誕生は、こうした時代の状況に希望の灯をともすものでもあったのです。

——66年1月からは、先生が毎月、高等部の代表に直接、御書講義をされています。

原田　その前年に先生は、「大白蓮華」11月号で巻頭言「鳳雛《ほうすう》よ　未来に羽ばたけ」を発表され、高等部に「勉学第一」の指針を贈られました。

そして翌66年、「黎明《れいめい》の年」とともに「高等部の年」と銘打たれたこの年の1月から、男女高等部の代表への御書講義を開始してくださったのです。

教材は「諸法実相抄《しょほうじっそうしょう》」「生死一大事血脈《しょうじいちだいじけつみゃく》抄《しょう》」「佐渡御書《さどごしょ》」などの重書でした。難解《なんかい》な御文もありましたが、受講生は皆、懸命に予習を重ね、司会が拝読を求めると、先を争うように全員の手が挙《あ》がったといいます。先生は、当時の真情を随筆にこうつづられています。

「寸暇《すんか》を惜《お》しんで重ねた一回一回の講義は、『今しかない、今しかない』と必死だった。『皆が大指導者に！　全員が広布の大闘将に！』と祈り、叫ぶ思いであった。だから私は、〝まだ子どもだから〟と、甘やかすことはしなかった。真の弟子を育てようと本気になれば、自《おの》ずと指導にも力が入った」と。

――先生の未来部への万感の思いが伝わってきます。同年6月の1期生の講義修了時には、受講メンバーで「鳳雛会《ほうすうかい》」（男子）、「鳳雛グループ」（女子）が結成されました。

原田　私は先生の高等部員に対する信頼を、まざまざと目にした思い出があります。

それは66年7月16日、当時の箱根研修所で「鳳雛会」「鳳雛グループ」1期生が、先生のもとに集って行われた第1回野外研修でのことです。私は聖教新聞の記者として、取材でその場に同席していました。

衝撃でした。先生は高校生に対して、一個の人格として接しておられたのです。

自身の宿命に悩み、涙ながらに相談したメンバーに、「信心は感傷ではない。泣いたからといって、何も解決しないではないか！」と厳しく言われ、勝つための人生を開く、正しい信心の在《あ》り方を、厳愛をもってご指導される場面もありました。

私は正直、子どもたちに〝受け止められ

るだろうか〟と思うこともありました。しかし、それは、いらぬ心配でした。

先生はメンバーに語られました。「私は、今日集まった諸君を、頼りにしてまいります。諸君が成長してくれれば、私も、年ごとに安心することができる」「諸君は、私と師弟の絆《きずな》で結ばれた人であると思っているが、そう信じていいですね」

「はい！」――その響きには真実がありました。ここに「師弟」がある。ゆえに「信頼」があり「訓練」がある。私は高等部の皆さんから教えていただいた思いでした。

鳳雛会《ほうすうかい》は、その後も期を重ねるとともに、北は北海道から南は沖縄まで、各方面に結成され、68年10月には、定時制にも鳳雛会がつくられました。

鳳雛会のメンバーは、やがて学会の最前線で、また社会の中核で活躍していくことになります。

一日に30分でも5ページでも拝読を

――先生は女子部に対しても、幾度《いくど》となく教学の大切さや、御書根本の生き方を教えてくださっています。

原田　かつてある女子部幹部が、女子部の人材グループ「青春会」の人選基準について尋《たず》ねた際、先生はこうご指導されました。

「教学の力のある人を選ぼう。戸田先生は『女子部は教学で立て』と言われたが、それは人生の哲学を確立しなさいということとだ。教学という生き方の哲学がなければ、仏法のうえからの重要な指導を、受け止めていくことはできないからね」

そうして結成された「青春会」のメンバーにも先生は、「人生の確かな哲学の骨格をつくる意味から、まず、御書を読破していくようにしたい。難解な箇所もあるかもしれないが、御書をすべて拝しておけば、それが一つの自信にもなる。したがって、一日に30分でも、あるいは、5ページぐらいでもいいから、着実に学んでいっていただきたい」と具体的に示されたことがありました。

――女子部は今、その伝統を受け継ぎ、「池田華陽会御書30編」の読了運動に取り組んでいます。また、世界の多くの国々でも、女子部員が御書30編を同時進行で学んでいます。

原田　とても素晴らしいことです。御書30編には、五大部をはじめ、女性門下に宛てられた御消息文などもあります。青春時代に何度も繰り返し拝して、その一節一節を行動に移していくことが大事です。

女子部の皆さんが、御書根本に「実践の教学」に励む姿は、「女子は門をひらく」(御書1566ジペー)との日蓮大聖人の仰《おお》せ通り、広宣流布の未来を開くことにつながるのです。

「翻訳事業」は万年に残る大聖業《だいせいぎょう》

——先生は66年から、未来への布石《ふせき》として御書の英訳を推進されます。また68年8月には、学生部の代表で翻訳・通訳メンバーの「近代羅什《らじゅう》グループ」（男子）、「近代語学グループ」（女子）を結成されました。

原田　大聖人の御精神を世界へ広げていく上で、御書の各国語への翻訳は不可欠です。また先生ご自身が世界の超一級の識者と対談される中、人一倍、世界に通用する語学力と人間力を身に付けた人材を必要とし、求められていたのです。

71年には国際部が結成され、語学力を兼ね備えた人材の裾野《すその》は、さらに広がっていきました。そして、御書の英訳作業は着実に進み、99年（平成11年）に世界の同志が待望した『英訳御書』上巻が発刊されました。

——その翻訳の監修を務めたのが、中国語・日本語の高名な翻訳家である米コロンビア大学のバートン・ワトソン博士です。

原田　博士は、司馬遷の『史記《しき》』を初めて英訳した中国文学研究の第一人者であり、これまで全米翻訳賞や世界ペンクラブ翻訳賞、文学アカデミー賞などを受賞しています。

池田先生と博士は、73年12月以来、6度会見をされました。これまで、鳩摩羅什《くまらじゅう》訳『法華経』、『英文御書選集』『御義口伝《おんぎくでん》』

翻訳家のバートン・ワトソン博士㊨、リチャード・ゲージ氏㊥と語り合う池田先生（2005年5月、創価大学）

をはじめ、先生の著作なども英訳され、仏教の真髄を世界に伝える労作業に力を注いでこられました。

――2006年には、『英訳御書』下巻が発刊され、御書全集のほぼ全編が翻訳・出版されています。

原田　英訳の完結によって、欧州各国語や南米諸言語への御書翻訳が大きく前進し、世界への広宣流布は一段と加速することになりました。

20年5月3日には、池田先生の50言語目の著作となるスペインのガリシア語、バスク語版の『一生成仏抄《いっしょうじょうぶつしょう》講義』が発刊されています。御書の翻訳事業は、万年の未来に残る不滅の大聖業《だいせいぎょう》として、仏法史に燦《さん》然《ぜん》と輝き渡っているのです。

――振り返ると、英語版機関誌「セイキョウ・タイムズ」に初めて英文の御書が掲載されたのが、半世紀以上前の1966年です。当時は、誰も今日のことを想像もできなかったと思います。

原田　先生がただお一人、世界広布のために手を打ち、語学ができる人材を育成され、道を開いてこられたからこそ、今日の世界宗教としての大発展があります。

2021年11月18日には、日蓮大聖人御聖誕800年を慶祝して、新版の御書全集が発刊されます。

池田先生の監修のもと、文字を大きくし、会話文には、かぎかっこを加えるなど、より読みやすくなるよう工夫を凝《こ》らすとともに、現在の御書全集が発刊された後などに発見された真筆《しんぴつ》の御書も収録する予定です。

民衆に開かれた人間主義の仏法を、共々に学び深め、行学錬磨の仏道修行に、一層、まい進していきたいと思います。

Ⅱ部
「御書根本」を貫く
民衆仏法の学会教学④

「人間尊敬」の潮流を世界へ

「人間のための宗教」という宗教観

――新型コロナウイルスの感染拡大という未聞の試練の時代にあって、池田先生は、「あらためて世界で、宗教の真価《しんか》が問われている」と、生命尊厳の仏法を持った私たちの使命の重大さを訴えられています。

原田　聖教新聞でも紹介されているように、各国・各地でSGIメンバーは、一日も早い感染の終息を祈りながら、試練の「挑戦」に「応戦《おうせん》」しつつ、断じて打ち勝つ決意で希望の励ましの連帯を広げています。

先生が教えてくださったように、「よき市民」「よき国民」として活動していく中に、仏法者の社会的使命があります。

――各国の青年部も、皆で「立正安国」の誓いを共有し、〝誰も置き去りにしない〟との思いで、電話や手紙、オンラインなどを活用しながら励まし運動を展開しています。

原田　そうした人間主義の運動に注目し、期待する識者の声も広がっています。ロンドン大学衛生熱帯医学大学院のクレア・バーチンガー博士は、〝自他共《じたとも》の幸福への祈りと行動を広げる創価学会は、共生の新時代を開く挑戦の先頭に立っている〟と語られました。

先生が米ハーバード大学の2回目の講演「21世紀文明と大乗仏教」の中で指摘されたように、人間を「強くするのか」「善《よ》くするのか」「賢くするのか」という点こそ、今後の時代の宗教が果たすべき大事な役割です。

主役は、社会で戦う在家の民衆

――日本には、いまだ宗教に対して偏《かたよ》った見方をする人も少なくありませんが、創価三代の師弟が刻んできた学会の歩みは、そうした日本社会の風潮を破る歴史でもありました。
原田　一般的に仏教は、僧侶たちが中心のものと思われてきました。この既成の仏教観を根底からくつがえしたのが、創価学会の教学運動です。

池田先生は、小説『新・人間革命』第22巻「命宝《みょうほう》」の章でつづられています。

「大聖人の仏法は民衆仏法です。主役は社会で戦う在家の民衆です」「私たちの運動は、前代未聞の仏教運動といえます。いわば、創価学会の広宣流布運動こそ、現代における宗教革命の新しき波であり、人間仏法、民衆仏法の幕開けである」と。

学会の草創期《そうそうき》には、貧しく、義務教育すら満足に受けられず、読み書きができないという壮年や婦人もいました。そうした方々が懸命に字を覚え、御書を研さんし、教学部員となって皆に御書講義をするようになったという話は、枚挙《まいきょ》にいとまがありません。

学者や他宗の僧にも理路整然と、日蓮大聖人の正法正義《しょうほうしょうぎ》を語っていきました。そこには、御書の仰《おお》せ通りに実践し、信心によって苦悩を克服できたという、体験からほとばしる歓喜と確信の裏付けがあったのです。

――草創期の先輩方の多くが、御金言を暗記していたと伺いました。

〝学会は、共生の新時代開く挑戦の先頭に〟

原田　そうです。試練に出くわせば、「魔競《まきそ》はずは正法と知るべからず」（御書1087ジペー）、苦しい時には「法華経を信ずる人は冬のごとし冬は必ず春となる」（同1253ジペー）というように、常に御文を口にし、励まし合いながら、皆、広布にまい進してきました。教学が生活に根差し、その中で「実践の教学」の伝統がつくられていったのです。

「如我等無異《にょがとうむい》」が仏の根本の目的

――学会の歴史をひもとくと、1963年（昭和38年）、73年、77年、78年が「教学の年」と定められ、教学運動の大きな潮流を起こしてきました。とりわけ73年ごろ、先生は「創価学会に脈打つ仏法の叡知《えいち》を社会に開き、人類の共有財産としていく時代の到来」と考えられ、『私の釈尊観《しゃくそんかん》』『私の仏教観』『続・私の仏教観』などの教学著作を次々と著されました。

原田　アメリカの仏教学者であるハーバード大学のチャーリー・ハリシー博士は、仏教講座の教材として『私の釈尊観』を使って講義されています。博士は「SGI会長は、釈尊のしたことに、『人間的な視点』から、自身の釈尊観を踏まえながら迫っておりますす」「人間とは何かを追究していくこと――それこそが21世紀の課題なのです」と述べられています。

また、米アイダホ大学名誉教授のニコラス・ガイヤ博士は、授業の教材として『私の仏教観』を30年にわたり使用されています。

博士は、「池田博士による、創価学会の〝仏教ヒューマニズム〟の運動に、心からの賞讃を寄せております。その運動は、『仏性がすべての人間の中にある』との自己実現のための力強い法理に基づいております」と高い評価を寄せています。

――法華経方便品には、「如我等無異《にょがとうむい》」、つまり衆生を仏と同じ境涯に高めていくことこそが、仏が出現した根本目的であると説《と》かれています。どこまでも人間を尊敬し、人間を尊極の仏と一体の方向へと導いていく。これが法華経の精神だと思います。


原田　まさしく、その精神を根本とし、人間主義の仏法運動の潮流を起こしてこられたのが池田先生です。そうした場面を、私は何度も目の当たりにしてきました。

74年3月、先生は中南米への旅の途上、アメリカのマイアミを訪問されました。懇談会で一人の青年から質問を受けた先生は、仏教の特質について、こう語られました。

「宗教があって人間が存在するのではなく、人間のために宗教があるのです。宗教が人間から完全に遊離《ゆうり》してしまったところに現代文明の行き詰まりがある」と。

質問会の後、私どもに「今、話したことは非常に重要なことだよ。よく覚えておきなさい」と、念を押すように言われたことも鮮明に覚えています。

師の確信と先見性に満ちた講演

――77年の「教学の年」は、聖教新聞の元日付から先生の「諸法実相抄《しょほうじっそうしょう》」講義、「大白蓮華」1月号から「百六箇抄《ひゃくろっかしょう》」講義の連載が開始され、1月15日には、先生が大阪での第9回教学部大会で、「仏教史観を語る」と題して講演されました。

原田　講演で先生は、「宗教のための人間」から「人間のための宗教」への大転回点こそ、仏教の発祥《はっしょう》であると論じられました。

また、「仏教界全体が〝出家仏教〟に陥《おちい》り、民衆をリードする機能を失った」と指摘され、民衆と共に、仏法のために戦ってこそ、真の法師であると、衆生を導く指導者のあるべき姿を示されました。

さらに、出家と在家の本義や寺院の歴史にも論及され、仏教本来の精神に照らし、真実の仏教教団の在《あ》り方や学会の運動の意義を明らかにされたのです。

――この講演を〝宗門への批判だ〟と言いだす坊主たちがいました。大聖人の民衆救済の精神もなく、ただ〝僧が上で俗《ぞく》は下〟という時代錯誤《さくご》の差別意識で信徒を見下す頑迷《がんめい》さには呆《あき》れ返ります。

原田　先生の講演は、広布の新展開の道を示した確信と先見性に満ちたものでした。また、現代文明の行き詰まりを転換していくために、その基盤となる人間主義の哲理を明確にしたものでもありました。

ところが、彼らはそれをねじ曲げて捉《とら》え、〝学会は宗門を軽視している〟などと騒ぎ始めました。これは、とんでもない話です。

学会は先生の指導のもと、宗門の繁栄を願い、懸命に外護《げご》し、総本山の整備や末寺の建立に全力を尽くし抜いてきたのです。宗門が未曽有《みぞう》の興隆を遂げたのも、先生のおかげであることは歴史的事実です。

――第1次、第2次宗門事件の経過を知れば知るほど、どれだけ宗門が自己保身と権威《けんい》に凝《こ》り固まり、醜《みにく》い欲望に支配されていたのかが分かります。

原田　学会こそ大聖人の御遺命《ごゆいめい》である広宣流布を実践する唯一の団体であり、学会にのみ信心の血脈が流れ通っています。だからこそ、192カ国・地域へ大発展したのです。

ハーバード大学のハービー・コックス名誉教授も、「宗門と決別したことは、おそらく創価学会に起こった最良の出来事」「従来の儀式的で閉鎖的な宗教観に固執《こしつ》することなく、『友情』を前面に掲げ、世界の人々と心の交流を図りながら、未来のあるべきヒューマニズムの宗教の方向を示そうとしている」とエールを送ってくださいました。

――学会が宗門からの「魂の独立」を果

たして以降、95年（平成7年）から始まった『法華経 方便品・寿量品講義』『法華経の智慧《ちえ》』の連載、そして今に続く「大白蓮華」での講義など、先生は未来に世界に向けて、仏法を展開し、今を生きる私たちに指針を示してくださっています。

原田　先生の教学著作の核心は、人間への尊敬、生命の無限の可能性と尊厳性への信、そして「人間のための宗教」という宗教観にあります。

宗教は、どこまでいっても、「人類の平和のため」「人間の幸福のため」です。法華経と御書の真髄《しんずい》もそこにあります。それを創価三代の会長が死身弘法《ししんぐほう》の実践で示し、現代によみがえらせてくださったのです。

私たちは釈尊《しゃくそん》、日蓮大聖人、そして創価学会という系譜《けいふ》に連なる誇りを胸に、今こそ人間主義の仏法哲理を、生き生きと社会に広げていきたいと思います。

Ⅱ部
「御書根本」を貫く
民衆仏法の学会教学⑤

仏法は全人類に開かれた世界宗教

差異《さい》を超えた連帯で、平和の世紀を

――世界宗教として192カ国・地域に創価の連帯は広がり、2019年はアフリカ31カ国で教学実力試験が行われるなど、年々、人間主義の仏法哲理を学び、実践する運動が活発になっています。世界広布を進める上で、宗教、思想、文化、伝統の違いなどを、どう捉《とら》えるかが大事になってくると思います。

原田　日蓮大聖人の仏法は今、太陽が地球上をあまねく照らすように、世界の人々に希望と勇気の大光を送っています。

小説『新・人間革命』第1巻の冒頭「旭

日」の章には、「随方毘尼《ずいほうびに》」という法理に基づいて、私たちが踏まえるべき重要な考え方が示されています。

例えば、アメリカには正座の習慣がありません。しかし、世界広布の旅で初めて訪れたハワイで、先生に同行した当時の幹部ですら、〝勤行の時に正座する習慣を変えてはいけないのでは〟と言っていたのです。

これに対して先生は、「随方毘尼」の考え方を示され、「御本尊への信仰という、大聖人の仏法の本義に違わない限り、化儀《けぎ》などは各地の風俗や習慣、時代の風習に従ってもいいんだよ」「大聖人の仏法は、日本人のためだけの教えではなく、全世界の人類のための宗教なんだからね」と明確に示されたのです。

――御書には「(随方毘尼という)戒《かい》の心はいたう事かけざる事をば少少仏教にたがふとも其《そ》の国の風俗に違うべからざるよし仏一つの戒を説《と》き給《たま》へり」(1202ジペー)と仰《おお》せです。

原田　大切なのは、御本尊への「信」があるかどうかです。大聖人が〝少々仏教と違うことがあっても、その国の風俗に背《そむ》くべきではない〟とまで仰せの通り、仏法は開かれた精神という世界性を持つ宗教です。

御書には「まことの・みちは世間の事法にて候《そうろう》」「世間の法が仏法の全体と釈《しゃく》せられて候」(1597ジペー)と仰《おお》せです。真実の仏法は、社会を大切にし、人々のため、地域のために貢献し、活躍していくためにこそある。その実践の人が智者です。

閉ざされた教条主義に陥《おちい》る宗門

――『新・人間革命』第30巻「誓願」の章で先生は、1995年（平成7年）に制定されたSGI憲章について触《ふ》れられています。その中に「仏法の寛容《かんよう》の精神を根本に、他の宗教を尊重して、人類の基本的問題について対話し、その解決のために協力していく」とあります。

原田　その通りです。先生は「『世界の平和』と『人類の幸福』を実現するために大切なことは、人類は運命共同体であるとの認識に立ち、共に皆が手を携《たずさ》えて進んでいくことである。これを阻《はば》む最大の要因となるのが、宗教にせよ、国家、民族にせよ、独善性、排他性に陥《おちい》ってしまうことだ。人類の共存のためには、〝人間〟という原点に立ち返り、あらゆる差異《さい》を超えて、互いに助け合っていかねばならない」と強調されています。

――一方で宗門は、時代錯誤《さくご》の閉ざされた教条主義、権威主義で、信徒を隷属《れいぞく》させようとしました。例えば、学会の会合でベートーベンの第九「歓喜の歌」を合唱したことに対し、〝ドイツ語で歌うことはキリスト教の神を賛嘆する「外道礼讃《げどうらいさん》」〟などと滑稽《こっけい》な非難を繰り返し、日本や世界の識者からも呆《あき》れられていました。

原田　人類の精神遺産である文化を否定することは、人間性を否定することに等しい。「誓願」の章につづられている通り、「宗教が教条主義に陥《おちい》り、独善的な物差しで、文化や芸術を裁断《さいだん》するならば、それは、人間のための宗教ではなく、宗教のための宗教」です。

そもそも、宗教活動の基本は対話です。その対話すら拒否し、一方的に広宣流布の前進を妨害《ぼうがい》してきたのが宗門です。

学会は大聖人の仰《おお》せ通りに御本尊根本、御書根本を貫き、対話主義に徹し広宣流布を目指して戦ってきました。だからこそすべてに勝利し、大発展を遂げてきたのです。

――イタリア・新宗教研究所のマッシモ・イントロビーニェ所長は、かつて次のように語られていました。

「（イタリア創価学会が成功した最大の理由は）伝統を捨てなさい、こちらの文化に乗り換えなさいということは全く言わないで、むしろ地元の文化に合致した形で、イタリア版仏教という形でメッセージを伝えた、これが素晴らしい」と。

原田　イタリア創価学会は、２０１５年に国家との間でインテーサ（宗教協約）が結ばれ、社会からの期待と信頼は一層高まっています。今回の新型コロナの感染拡大に対しても、さまざまな形で貢献し、コンテ首相からも、人間主義の行動と連帯、責任感に感嘆を伝える言葉が寄せられています。

池田会長は最も感銘を受けた人

――人間主義は、法華経の精神でもあります。東洋哲学研究所（東哲）が中心となって、06年から始まった〝法華経展〟は、イスラム文化圏のマレーシアやインドネシア、上座部仏教国のタイをはじめ、欧州、南米など世界17カ国・地域で約90万人が観賞し、共感の輪が大きく広がっています。

原田　先生は各国の宗教、文化、民族などについて正しく認識していくことが大切であるとされ、東洋をはじめ世界の思想・哲学・文化を多角的に研究する機関として、1962年1月に東哲の前身となる東洋学術研究所を発足されました。これは、先生の創立する各種の文化・教育機関の先駆けでもありました。こうした先生の打たれた手が一つ一つ実を結び、今日の世界との連帯があるのです。

――先生ご自身が、イスラム教、キリスト教、ヒンズー教をはじめ、世界の宗教指導者、識者とも宗教間対話、文明間対話を続けてこられました。

原田　イスラムでは、インドネシアのアブドゥルラフマン・ワヒド元大統領や、イラン出身の平和学者マジッド・テヘラニアン博士らと、平和と共生の社会建設への方途を巡り、対談されています。

キリスト教については、イギリスの宗教社会学者ブライアン・ウィルソン博士、ドイツの哲学者ヨーゼフ・デルボラフ博士、米ハーバード大学の宗教学者ハービー・コックス名誉教授らと対話。さらに、インド文化関係評議会元会長のカラン・シン博士、米デンバー大学の国際法学者ベッド・ナンダ博士らヒンズー教を背景とする識者、またユダヤ教の識者とも交流を結んでこられました。

先生は、「戸田記念国際平和研究所」の初代所長に就任したテヘラニアン博士との会見の折、このように語られました。

「人間と人間が語り合うこと。これが全《すべ》ての始まりです。宗教を前面に出して、『宗教と宗教』の話し合いをしても、そこからは友好は開けません。そうではなく、まず人間です。『人間と人間』の対話です。人間と人間が心を開き合い、知り合い、仲よくなれば、そこからいくらでも相互の違いに対する理解も生まれるものです」と。

この人間主義に基づく先生の平和への対話に、私たちも学んでいきたいと思います。

——2020年には、米モアハウス大学キング国際チャペルのローレンス・カーター所長が、先生から受けた啓発《けいはつ》について著した書籍の日本語版『牧師が語る仏法の師』が発刊されました。

インドネシアのワヒド元大統領と会談する池田先生（2002年4月、八王子市の東京牧口記念会館）

原田　バプテスト教会（プロテスタントの教派）の牧師である所長は、ガンジーとキング牧師を自《みずか》らの師と定め、長年、非暴力の運動を進めてきた方です。先生との出会いを重ね、対談集や平和提言などを読み深めていく中、その思想と人格に深く感動された一人です。

『牧師が語る仏法の師』の中で所長は「池田会長こそが、その誠実さ、学識、行動力、高潔な人格、業績、グローバルな理念において、最も感銘を受けた人物である」と語られています。

これは先生が、文化や宗教の違いを超え、人間主義の仏法を基調に、平和の世紀を開く行動を貫かれてきた結果です。

――学会伝統の教学部任用試験は、2016年から名称を「教学部任用試験（仏法入門）」とし、新会員だけでなく多くの会友も仏法を学ぶ時代となりました。世界中でも教学試験が実施されています。

原田　近年は任用試験で仏法哲理を学ぶことをきっかけに、入会に至る人も少なくありません。それだけ、人々が確かな生命哲学、人生の指針を求めている証左《しょうさ》でもあるでしょう。

また、教学研修会も世界各国で行われ、皆が真剣に大聖人の仏法を学び、信心の成長の糧《かて》としています。すごい時代になりました。

分断や対立が深刻化する現代世界において、創価の人間主義の哲学は、人々を結び、共生の社会を築く希望の光源です。

大聖人は、「天《てん》晴れぬれば地明《あきら》かなり法華を識《し》る者は世法《せほう》を得可《うべ》きか」（御書254ページ）と仰《おお》せです。私たちは、試練の時代に敢然と立ち向かい、「太陽の仏法」で地域を、社会を、世界をさらに照らし、晴らしていこうではありませんか！

II部

「大衆とともに」——

公明党の結党①

「民衆」に光を当てた政治を

「新しい民衆運動」の堂々たる第一歩

——公明党は、生命・生活・生存を最大に尊重する「中道政党《ちゅうどうせいとう》」として、1964年（昭和39年）11月17日に結党されました。現在は与党として政権の一翼を担い、未曽有《みぞう》のコロナ禍《か》にあって、一律10万円の特別給付金や大学生への緊急給付金をはじめ、ウイルス対策として多くの提言を出すなど、「希望の灯台」として、存在感を増しています。今回からは、国民の命と暮らしを守る公明党の原点を確認していきたいと思います。

原田　創価学会は、日蓮大聖人の仏法を世界に弘《ひろ》めるとともに、人間主義を根本に、平和・文化・教育の運動を幅広く展開しています。

一方、「生命の尊厳」「人間性の尊重」「世界の恒久平和」という理念を、現実社会、なかんずく政治の世界で具現化させるため、池田先生が創立されたのが公明党です。学会は支持団体として、その公明党を支援してきました。

――公明党のそもそもの出発点は、54年11月22日、創価学会に設置された文化部です。後に、この文化部員たちが地方議会へと進出します。

原田　小説『人間革命』第9巻「展開」の章には、戸田先生の展望を通して、学会が政治に強く関わりを持ち始める理由が記されています。

「広宣流布は、創価学会の会員の拡大だけを意味するものではない。御本尊を受持して信心に励んだ人は、まず、人間として自己自身を革命することは当然のことだ。革命された個人は、自己の宿命をも変え、家庭をも革新する。このような個々人の集団というものは、地域社会にも、一つの根本的な変革をもたらすはずである。いや、地域社会ばかりではない。それらの個々人は、あらゆる社会分野に英知の光を放ち、変革の発芽をもたらしていくであろう」

「人間革命」の原理に基づいた極めて重要な指針です。

――さらに、「政治の分野でも、経済活動の分野でも、生産活動の部門でも、教育や文化や、科学、哲学の分野でも、自《みずか》らの生命を革命した、わが学会員の日々の活動というものは、その才能を十二分に発揮した蘇生《そせい》の力となるにちがいない。それは、社会に大きな波動を与え、やがては新世紀への斬新な潮流となって、来るべき人類の宿命の転換に偉大な貢献を果たす時が来よう。これが妙法の広宣流布の活動というものだ」とも記されています。

原田　そうです。政治の分野だけでなく、社会のあらゆる分野で、生命尊厳の哲理を持った人材が、陸続と輩出《はいしゅつ》されゆくことを願ってのことなのです。

――初めての選挙となった、55年4月の統一地方選では、54人の文化部員が立候補し、53人が当選しています。

当時は、自民党と社会党による、なれ合いの堕落《だらく》政治ともいわれる「55年体制」が始まるタイミングです。この時に、「民衆」のための政治を志《こころざ》し、学会が政治に関わったことは、大きな意義があると思います。

また、苦しんでいる庶民の声を直接届けられる、地方議会から出発したことも注目すべき点であると思います。

原田　当時は東西冷戦下にあり、資本主義陣営と社会主義陣営のイデオロギー対立がそのまま日本に持ち込まれ、不毛な対決型政治が続いていました。金権政治や、選挙での買収も横行し、「造船疑獄《ぎごく》」などの大型贈収賄《ぞうしゅうわい》事件なども頻発していました。

そうした腐敗堕落《ふはいだらく》した政治状況を、戸田先生は深く憂慮《ゆうりょ》されていたのでしょう。

財界・大企業を擁護《ようご》する当時の保守政党、大組織の労働者の利益ばかりを優先する革新政党からは、多くの苦しむ「庶民《しょみん》・大衆」が置き去りにされていました。今こそ、そうした人々に光を当て、民衆不在の政治を変えていかねばならない——。ゆえに、国政から挑戦するのではなく、「庶民・大衆」に一番身近な地方議会から出発されたのだと思います。

——「展開」の章には、「将来、民衆のために、民衆のなかで死んでいく決意の、清廉《せいれん》な人びとの合意として、あるいは政党を結成する必要もあるかもしれない」との戸田先生の心境も記されています。

原田　この思いを誰よりも深く理解されていたのが池田先生でした。

初選挙の際、戸田先生の命を受け、池田先生は、東京都議選（大田区選出）と横浜市議選（鶴見区選出）の支援の最高責任者を務められました。

多摩川を渡って行き来し、徹底して同志を励まされながら、いずれも見事にトップ当選を果たしたのです。それは、「妙法を胸に、全人類の宿命転換へ立ち上がった民衆が、いかに崇高《すうこう》で、いかに偉大な力をもっているか」を示す戦いでした。「それまでの日本になかった『新しい民衆運動』の、堂々たる第一歩」だったのです。

創価学会が政治に関わりをもつようになったことで、無理解による反発が起き始めます。しかし、国際宗教社会学会の会長を務めたカール・ドブラーレ博士は、「宗教団体が、その信条に基《もと》づいて『社会は、このままでよいのか』と問題提起し、政治に影響を与えるのは当然のことです」と述べています。

また、インド独立の父ガンジーは、「現実の問題を考慮に入れず、問題の解決に役立たない宗教は、『宗教ではない』」「宗教なき政治は（中略）生命を失ったシステムである！」と喝破《かっぱ》しています。

「師弟不二」こそ、勝利の根本要因

――庶民の声を国政に届けるため、56年7月に初めて参院選に臨《のぞ》みます。この時、地方区2人、全国区4人が推薦され、池田先生が指揮を執《と》られた大阪地方区の1人と、全国区の2人が当選します。当時の模様は、『人間革命』第10巻に詳しく描かれています。いわゆる「大阪の戦い」です。「〝まさか〟が実現」（朝日新聞）と世間をあっと言わせた勝利でした。

原田　先生が大阪で展開された56年の大闘争とは何であったか。「一念」の章に「関西に広宣流布の常勝の大拠点を築き上げることであり、幸福と平和の、崩《くず》れざる民衆城を打ち立てることであった」とあります。

2月には、戸田先生の誕生日を祝して、「関西に　今築きゆく　錦州城《きんしゅうじょう》　永遠《とわ》に崩《くず》れぬ　魔軍抑《おさ》えて」との決意を、恩師に披歴されています。

それが、5月の大阪支部の1万1111世帯の弘教《ぐきょう》となって結実するのです。それは本当に容易ならざる戦いでした。

私自身、改めて『人間革命』第10巻を読み返しました。感動に次ぐ感動の連続で、池田先生が、戸田先生の思いをいかに真剣に受け止め、戦いを展開されたのか――その信心、「億劫《おくごう》の辛労《しんろう》を尽くした」一念の深さを学び直す機会になりました。

――当時は入会して1、2年のメンバーがほとんどです。新しいことずくめで想像を絶する挑戦であったと思います。

原田　「強盛《ごうじょう》な祈りから始める」――池田先生は、これが勝利の「第1の要諦《ようてい》」であると、教えてくださっています。

それは、関西の責任者になり、1月4日に大阪に向かった先生が、関西本部常住《じょうじゅう》の「大法興隆所願成就《だいほうこうりゅうしょがんじょうじゅ》」の御本尊に祈りをささげ、「これで、今度の関西の戦いは勝った！」と大確信をもってスタートされたことからも、よく分かります。

「法華経の兵法をもちひ給《たも》うべし」（御書1193ジペー）との一節を身読され、「強盛な祈り」を根底とした「実践」を貫き、〝不可能を可能にする戦い〟を展開されたのです。

「第2の要諦」は、「最高の作戦、最高の行動」です。先生は「法華経とは将軍学なり」と体得《たいとく》され、「信心から出た作戦、行動」こそ、「最高の作戦、行動」になることを示されました。実際、半年間で約8000人の方に会い、励ましを送られたのです。自転車を3台も乗りつぶすほどの大激闘でした。

こうして、関西に強靭《きょうじん》な広布の組織が築き上げられていったのです。参院選に際しても、関西の同志は、「立正安国」の深き使命を自覚し、決然と立ち上がりました。それは、無名の庶民が、何の報酬《ほうしゅう》も求めず、ただ社会を良くするため、自発的に推薦した候補を応援するという、全く新しい運動でした。

――大阪の草創《そうそう》の先輩方から「峻厳《しゅんげん》な精神で戸田先生に接する、当時の池田先生の姿を忘れることができない」と何度も聞いてきました。

原田　「師弟不二」こそ、すべての根本です。『人間革命』に「師の考えるところと、弟子が懸命に考えることとが合一する時、信仰の奔流《ほんりゅう》は偉大なる脈動となってほとばしる」「師の言葉から、師の意図《いと》を知り、さらに、その根源にまで迫って、その同じ根源を師と共に分かち合う弟子の一念は、まことに、まれだといわなければならない。

しかし、このまれなる一念の獲得にこそ、師弟不二の道の一切が、かかっているのである」と書かれています。

「大阪の戦い」を勝利に導いた、「師弟」の道の究極が示された箇所であり、現代そして未来永劫《えいごう》にわたり、私たちにとって一番大事な前進の眼目です。

56年1月、池田先生が奮闘を開始された大阪の地に行かれた戸田先生は、中之島の大阪市中央公会堂で「方便品」の講義を行い、こう師子吼《ししく》されました。

「私が、こうして、大阪へ来て講義などをすることは、大阪の地から、病人と貧乏人をなくしたいためであります。このほかに、私の願いはありません」

そのための闘争が、仏法者の宗教的使命である「広宣流布」の実現であり、社会的使命である「立正安国」の実現です。「生命尊厳」の哲理を根幹とした社会の建設が、現代の課題、時代の要請であることを、私たちは深く自覚していきたい。

II部
「大衆とともに」——
公明党の結党②

権力の魔性との闘争「大阪事件」

人間の尊敬・自由・平等を勝ち取る

——1956年(昭和31年)7月の参院選で、学会が推薦した候補が大阪で勝利したことは、既成《きせい》勢力にとって、大きな脅威《きょうい》に映《うつ》ったようです。そして、翌57年に大阪地方区での参院補選で苦汁《くじゅう》をのんだ後、「大阪事件」が起きます。

原田　「大阪事件」は、創価学会という新しい民衆勢力の台頭《たいとう》を抑《おさ》え込もうとした権力からの弾圧です。参院補選で一部の会員が起こしてしまった選挙違反を口実に、支援の責任者を務めた池田先生を不当逮捕し、15日間にわたって勾留《こうりゅう》する暴挙《ぼうきょ》に出たのです。

「大阪事件」の直前には、当時の労働組合の中で権勢を振るっていた日本炭鉱労働組合からの弾圧である、北海道・夕張《ゆうばり》での「炭労事件」がありました。そして、さらに大きな権力からの弾圧が起こったのです。

――小説『人間革命』第11巻「大阪」の章に、「検察が、この機会に徹底して取り締まり、壊滅的《かいめつてき》な打撃を与えておこうとの方針をとったとしても不思議ではない。だが、そこには、少なからず創価学会に対する感情的な偏見《へんけん》があり、その将来に、いわれなき恐怖をいだいていたことも確かであろう。それは、いわば、道理や理性を超えて、人間の心の奥底から発する生命的反発といえようか。これこそが、『猶多怨嫉《ゆたおんしつ》』（法華経363㌻）という状況を引き起こす要因といえる。この、人間の憎悪ともいうべき感情のもとに、権力が行使される時、権力は魔性の力となって、弾圧の牙をむくのである」とあります。

原田　「権力の魔性」の本質について、鋭く指摘されている箇所です。

池田先生への取り調べは人権を無視した過酷なものでした。やがて法廷で明らかにされますが、検事が2人がかりで夕食も食べさせずに、深夜まで厳しい取り調べを行ったこともありました。さらし者にするかのように手錠をかけ、地検の調室から別館へ、連れて行かれたこともありました。
そして、罪を認めなければ、戸田先生を逮捕するとまで言いだしたのです。それは、戸田先生が逝去《せいきょ》される9カ月前のことであり、お体の衰弱がかなり激しかった時です。池田先生は、やむなく罪を一身に被《かぶ》り、法廷で戦い、無実を証明しようと決意されます。

民衆を守り抜き、民衆と共に進む

――法廷闘争は4年半にわたり、公判は84回に及びました。

原田　先生は61年12月の最終陳述《ちんじゅつ》で、①学会が選挙運動を行うのは憲法に保障された国民の権利であり、それを否定するかのような検察の論告求刑には明らかに偏見がある②従来、戸別訪問は罰金刑などの軽い刑であるにもかかわらず、禁固という大阪地検の求刑は、はなはだ過酷《かこく》である③大阪地検の取り調べは非道なものであり、権力をかさに着た弱い者いじめのような行動は、断じて許しがたい④戸田先生は「勝負は裁判だ。裁判長は、必ずわかるはずだ。裁判長に真実をわかってもらえれば、それでいいじゃないか」と言われた。公正なる審判を要請したい、と述べられました。
そして62年1月25日、無罪判決が言い渡されるのです。検察は、判決を覆《くつがえ》すことは到底できないと判断し、控訴《こうそ》を断念。2月8日に無罪が確定します。

――勝利の判決が出た日、先生は即座に東京に戻られ、翌日には本部幹部会に出席されています。席上、前年（61年11月）に結成されていた公明政治連盟に対し、創価学会として全面的に支援していくことも発表されます。

原田　かつて先生は、日本経済新聞からの依頼で書かれた『私の履歴書《りれきしょ》』の中で、この事件について、「多くの市民は、不当な権力に苦しめられてきた。戦前は、もっと多かったにちがいない。胸がはちきれそうな思いがした。私は心の奥底で、生涯、不当な権力に苦しむ民衆を守り、民衆とともに進もうと決意せざるをえなくなっていった」とつづられています。

最終陳述《ちんじゅつ》、無罪判決、次なる戦いへの意思表明――これらはすべて、人間の尊厳と自由と平等を勝ち取る人権闘争への不屈の一念の結実であり、創価学会が果たすべき重大な社会的使命への構想を表しているように思えてなりません。

――この後、先生は、特に未来を担う人材の育成に力を注がれています。

原田　具体的には、62年5月に初めて学生部の部長会に出席され、7月には総会にも参加されます。さらに、8月31日から学生部の代表に「御義口伝《おんぎくでん》講義」を開始されます。

63年6月には青年部のさらなる育成のた

広布とは「獅子の道」――何ものをも恐れぬ「勇気と正義と信念の人」に（絵・間瀬健治）

め、学生部のOB部を結成され、66年からは高等部への御書講義も展開されます。それらはすべて、壮大な広布の運動を推進するための布石だったのです。

――作家の佐藤優氏は、「大阪事件」について、著書『池田大作研究』で、「牧口、戸田の両師匠は権力の魔性と闘った。これは鎌倉《かまくら》時代に日蓮が体験した事柄の反復である。権力の魔性との闘いを通じて、日蓮が説《と》いた仏法を牧口と戸田は現代に甦《よみがえ》らせた。それをさらに発展させ、仏法を世界に広げていくことが池田の使命なのである。この使命を貫徹するためには、権力の魔性と闘い、勝利しなくてはならない」と述べています。

原田　日蓮大聖人の仏法では、権力の魔性の本質を「他化自在天《たけじざいてん》」と説《と》いています。民衆を支配し、隷属化《れいぞくか》させる第六天の魔王の働きです。

先生は、「大阪」の章で、大聖人の時代から起きていた冤罪《えんざい》による迫害の歴史を通し、次のように記されています。

「時には、法を拡大解釈し、違法として裁断し、ある場合には、過剰なまでに監視の目を光らせ、わずかでも法に抵触《ていしょく》する可能性があれば、厳しく取り締まるということもあろう。また、一信徒の個人的な問題を、教団全体の問題として、摘発《てきはつ》することもあり得よう」と。

「大阪事件」は、この通りの権力による弾圧でした。

大聖人は、「王地《おうち》に生れたれば身をば随《したが》えられたてまつるやうなりとも心をば随えられたてまつるべからず」（御書287ジペー）と仰《おお》せです。ユネスコ（国連教育科学文化機関）が古今東西の英知の言葉を網羅《もうら》して編さんした、『語録　人間の権利』にも収録された一節です。

いかなる権力に対しても、決して隷属などしない強い精神が大聖人のご境涯《きょうがい》であり、同じように万人が精神の自立を獲得していくのが日蓮仏法です。いわば、広宣流布とは、人間の尊厳と自由と平等を勝ち取る人権闘争といえます。

ゆえに戦いは断じて勝たねばなりません。正義が勝ってこそ、民衆を守り抜いていくことができるからです。

「真実」を語れ！「真心」の対話を

――戸田先生が逝去《せいきょ》された翌年となる59年6月の参院選では全国区5人、地方区1人が立候補して、全員当選を果たします。特に、東京地方区では前回（56年7月）の雪辱《せつじょく》を果たすことができました。

原田　当時の聖教新聞を読み返してみると、56年7月の東京の敗北以来、戸田先生は雪辱戦で大勝利することを強く望まれていたことが記されています。その意を受け、総務であった池田先生が支援の一切の指揮を執《と》り、見事なる完全勝利を果たしたのです。しかも、東京はトップ当選であり、全国区も全員が上位での当選です。これは、社会にとって、驚天動地《きょうてんどうち》の出来事であったようです。

――そのため、学会に対するマスコミの注目度が高まり、以後、無理解による批判的な発言も多くなります。

原田　そこで先生は、59年6月12日付の聖教新聞で「世の批判に答える」と題して、一問一答の形で記事を掲載されます。その中で、「学会は今回の選挙で世界に波動を与えた」と述べています。実際、イギリスのタイムズ紙が、学会の政治への関わりについての記事を掲載していました。

その後も先生は、海外訪問の折など、現

地メディアの取材に応じ、立正安国や宗教と政治の関係性等について、理路整然と訴え、誤解を正してきました。

法華経に「悪口罵詈《あっくめり》」「況滅度後《きょうめつどご》」（況《いわ》んや滅度の後をや）とあるように、正義ゆえに、中傷や無理解からの批判があっても、真心こめて真実を語っていけば、相手はいつか必ず理解し、納得していきます。これは今にも続く、私たちの言論戦《げんろんせん》の根本精神です。

南米アルゼンチンの人権の闘士・エスキベル博士（ノーベル平和賞受賞者）は語っています。

「創価学会の（三代）会長は、不正義と戦いました。ゆえに迫害され、牢に入りました。しかしながら、自《みずか》らを犠牲にすることによって、未来の希望を育みました。創価学会は、今なお闘い続けております。闘いはまだ終わっておりません。いいな、闘いとは、永遠に持続されてゆくべきものであります」

Ⅱ部
「大衆とともに」――
公明党の結党③

政界の浄化、国民の幸福のために

1961年

公明政治連盟（公政連）を結成

――学会は、宗教者の社会的使命として政治に関わり、支援活動をしてきました。そして1961年（昭和36年）11月、公明党の前身である公明政治連盟（公政連）が結成されます。

小説『新・人間革命』第5巻「獅子」の章には、「『公明政治連盟』という政治団体結成に踏み切った最大の理由は、創価学会は、どこまでも宗教団体であり、その宗教団体が、直接、政治そのものに関与することとは、将来的に見て、避《さ》けた方がよいという判断からであった。いわば、学会として自主的に、組織のうえで宗教と政治の分離を図っていこうとしていたのである」と記されています。

原田　本来、宗教団体が政治に関与することは憲法で保障された自由であり、権利です。

日本国憲法第20条には、「信教の自由は、何人に対してもこれを保障する」とあり、これに続いて、「いかなる宗教団体も、国から特権を受け、又は政治上の権力を行使《こうし》してはならない」とうたわれています。

これは、「信教の自由」を確保するため、国や国家の機関が、その権力を行使して宗教に介入したり、関与することがないよう、国家と宗教の分離を制度として保障したものです。

一方、宗教団体が選挙の折に候補者を推薦したり、選挙の支援活動を行うことも、結社や表現、政治活動の自由として、憲法で保障されています。

また、そうして推《お》された議員が、閣僚等の政府の公職に就《つ》くことも認められています。

このことは、国会でも、内閣の「憲法の番人」といわれる歴代の内閣法制局長官が、何度も明言しています。

「憲法の定める政教分離《せいきょうぶんり》の原則と申しますのは、信教の自由の保障を実質的なものとするため、国及びその機関が国権行使の場面において宗教に介入《かいにゅう》しまたは関与することを排除《はいじょ》する趣旨である」「宗教団体が政治的活動をすることをも排除している趣旨ではない」と。

――憲法学者の竹内重年氏も、「日本国憲法の精神が求める政教分離は、国家の宗教的中立性を要求しているのであって、宗教者の政治的中立を要求しているわけではありません」と明快に述べています。

原田　憲法にうたわれた「政教分離」の原則とは、戦前、戦中の、国家神道を国策とした政府による宗教弾圧の歴史の反省の上に立って、欧米の歴史を踏まえつつ、「信教の自由」を実質的に保障しようとするものにほかなりません。

明治憲法では、その第28条で「信教の自由」を規定していましたが、政府は、神社神道を国家の祭祀《さいし》とすべきものであり、〝宗教に非《あら》ず〟として、国家の特別な保護下に置いていったのです。そして事実上、国家宗教に仕立て上げられていきました。

軍部政府は、この国家神道を精神の支柱として戦争を遂行するため、その考えに従わない宗教を容赦《ようしゃ》なく弾圧していきました。その中で創価学会への大弾圧も起こったのです。

神札を祭らぬことなどから、「不敬罪《ふけいざい》」「治安維持法違反《ちあんいじほういはん》」に問われ、牧口先生、戸田先生は投獄《とうごく》されました。しかし、牧口先生も戸田先生も、「信教の自由」を守るために戦い抜かれました。そして、牧口先生は獄死《ごくし》されたのです。学会にとって、忘れてはならない歴史です。

――世界74カ国・地域に広がるカトリックの信徒団体で、事務総長を務めるクァットルッチ氏は語っています。

「政治家の良心を保つための薬こそ、『宗教』であると断言したい」「日本では、いまだに、〝宗教家は政治に口出しするな〟ということを言う人がいるようですが、それは、国家の成長を妨《さまた》げる浅薄《せんぱく》な言論です。宗教的思想を根本に、自《みずか》らを律し、正義の信念に生きる者こそ、より積極的に政治に関わるべきです」「その意味においても、学会には、一層、政治に積極的に関わっていただきたい」と。

民衆から信頼と支持を得る団体

――歴史を振り返れば、学会が初めて関わった55年4月の統一地方選の際、候補となった人たちは、当時の保守政党や無所属、野党など、さまざまな政党から出馬しています。

原田　戸田先生には党派へのこだわりはなく、一人一人の議員が好きな政党に所属して活動すればよいと言われていました。それぞれの立場で、政界の浄化のために立ち上がり、政治を民衆の手に取り戻すことを念願されていたのです。

しかし、実際に議員活動を開始してみると、どの政党の在《あ》り方にも、議員たちは心から賛同することはできませんでした。そ

「大阪の戦い」で同志を励ます池田先生（絵・間瀬健治）

こで、政治団体の結成を考えるようになったのです。

そして、61年11月に公政連が結成されます。その際、池田先生は明確に言われています。

「この政治団体は、学会のためのものではない。私は、そんな小さな考えではなく、広く国民の幸福を願い、民衆に奉仕していく、慈悲の精神に貫かれた新たな政治団体をつくろうとしているのです」「私の願いは、政治団体がスタートしたならば、一日も早く自立し、民衆の大きな信頼と支持を得るものにしていってほしいということです」「学会は、その母体として今後も選挙の支援はしていきます。しかし、具体的な政策については、皆でよく話し合い、すべて決定していくのです」と。

だからこそ公明党の議員は、国民のため、社会のため、命懸けで働いてもらいたい。

時代を変革する女性の生活感覚

――「公明」との名称に至った経緯についても、「獅子」の章に描かれています。

原田　戸田先生は56年7月の初めての参院選の直後、当選したメンバーに、「君たちは、どの政党に入ってもよいが、もし、将来、君たちが会派をつくろうという時には、〝公明会〟としよう」「学会の選挙運動は、金もかけず、買収などとは無縁の公明選挙であるし、宴会《えんかい》政治のような腐敗《ふはい》した政界を正《ただ》すのが君たちの使命であるからだ」と言われたそうです。

「公明」という名称には、清潔な政治の実現を願われた戸田先生の思いが込められているのです。こうした戸田先生とのやり取りを、池田先生から教えていただいたことがあります。

――その後、64年11月に公明党が結党され、都議会議長選を巡る汚職《おしょく》事件で都議の逮捕《たいほ》が相次いだ「都議会リコール解散の主導」や「宴会政治追放」をはじめ、「イタイイタイ病の『公害病』認定」「政党で初の全国『公害総点検』」「〝隅田川し尿《にょうふ》不法投棄《ほうとうき》〟の摘発《てきはつ》」などを実現していきます。

原田　公害問題について、作家の有吉佐和子氏は、ベストセラー『複合汚染』の中で、「この問題を国会で取り上げ政府の無為無策をきびしく追及したのは（67年5月の）公明党だった」とつづっています。

また、池田先生と対談集『地球革命への挑戦――人間と環境を語る』を編《あ》んだ、世界的な環境学者であるドイツのエルンスト・U・フォン・ヴァイツゼッカー博士は、「一九七〇年代のドイツは、環境問題に関しては間違いなく日本から学ぶ立場にありました。日本に水俣病《みなまたびょう》やイタイイタイ病が発生したのは、一九五〇、六〇年代のことでしたね。それによって、日本は他の諸国に先駆けて、重金属と大気環境についてのきわめて厳しい基準を設けました」と語っていました。

この問題で、公明党が果たした役割は実に大きかったのです。

――『新・人間革命』第6巻「波浪《はろう》」の章に「選挙の支援活動の、大きな推進力となっていたのが、一般的には政治への関心が低いといわれていた主婦層にあたる、婦人部員であった。それは、政治を自分たちの手に取り戻そうとする、目覚めた大衆の、新しい力の台頭《たいとう》であった」と書かれています。現在にも通じる、学会婦人部の姿であると思います。

原田 思えば日本で初めて、女性の参政権が行使されたのは、46年4月10日の衆院選です。それまでの長きにわたる女性運動が、ようやく戦後の連合国軍指揮下の民主化によって報《むく》われたのです。

現実を鋭く捉《とら》える女性の生活感覚。生命を育む側からの発想。平和のため、次世代へとつなげるための未来への選択。こうした女性の声が、時代を変えてきました。

生命尊厳の哲理を掲げた、学会婦人部の使命は、ますます大きくなっているのです。

米エマソン協会のサーラ・ワイダー元会長は、「人と人を結びつけ、多くの人々に励ましを贈り続けておられる創価学会の婦人部の皆さんは、本当に素晴らしいです」「私は、創価学会の女性たちに無限の希望を抱いております。とりわけ、女性たちの助け合い、励まし合いに満ちた姿は印象的です」と語っています。

婦人部の皆さんの行動は世界の知性が高く評価する、社会変革の運動なのです。

II部
「大衆とともに」――
公明党の結党④

民衆のために命懸けで働く

社会福祉こそ政治の中心

先駆の主張が時代の潮流に

――公明政治連盟（公政連）は結成後、初めて挑んだ1962年（昭和37年）7月の参院選で、立候補した地方区2人、全国区7人の全員が当選し、非改選の6人と合わせて、15人になります。

これによって、参院で第3党（会派）になり、政治の世界で大きな意味をもつ「院内交渉団体」の資格を得て、「公明会」を結成しました。

原田　公政連の躍進は、新聞各紙でも注目されます。

小説『新・人間革命』第6巻「波浪《はろう》」の

章に描かれていますが、一方で、その反動から、秋田・尾去沢《おさりざわ》鉱山や長崎・佐世保《させぼ》の中里炭鉱などの労働組合で、学会員への陰《いん》湿《しっ》な圧迫が起きました。

組合が推薦した候補の票が思ったよりも伸びず、公政連の候補の票が驚くほど多かったことが、その理由です。この二つの出来事は、学会員が訴えた裁判で勝訴するなど決着をみますが、学会への社会的な圧力は一段と強くなるのです。

先生は、「学会は、仏法者の社会的使命を果たすために、波の穏《おだ》やかな内海から、時代の建設という、波浪《はろう》の猛《たけ》る大海に乗り出したのだ」と記されています。「波浪は障害にあうごとに、その頑固《がんこ》の度《ど》を増す」こそが、池田先生の座右《ざゆう》の銘《めい》です。

公明選挙、政界の浄化を掲げた、民衆による新しい草の根の挑戦は、傲慢《ごうまん》な既成《きせい》勢力からのやっかみ等による迫害に直面しましたが、学会はすべてを勝ち越え、発展してきたのです。

――当時、世間では、学会の崇高《すうこう》な目的が理解できず、さまざまな臆測《おくそく》が流れていました。そこで、参院選を終えた直後の本部幹部会で、池田先生は次のように明快に言われます。

「宗教団体である学会が担う第一の使命は、正しき仏法の流布であります」「政策の問題については、公政連、並びに公明会に、すべてお任《まか》せをしたいと考えております」

原田　学会の方針は、終始一貫していま
す。
『新・人間革命』第11巻「暁光《ぎょうこう》」の章には、
64年11月に公明党が結党された後、先生が
海外の記者のインタビューに、次のように
答えられる場面が描かれています。
「政治には、確固とした政治哲学、政治
理念が必要です。それがなければ、根無し
草のように、ただ状況に流されるだけの政
治になり、民衆は動揺し、不幸になってし
まう。
私たちは、仏法で説《と》く慈悲《じひ》や、生命の尊
厳の哲理を理念とし、〝根底〟とした政治
の実現をめざして、公明党をつくりました。
だが、それは、宗教を直接、政治の世界に
持ち込むこととは違います。
公明党は、広く国民のために寄与するこ
とを目的とした政党であり、党と学会とは、
運営面などでも、一線を画しております。
公明党も、創価学会も、平和と人びとの幸
福を実現するという根本目的は同じです
が、政治と宗教とは役割が異なります。
宗教は人間の精神の大地を耕《たがや》すもので
す。そして、その広大な大地の上に、芽吹
き、花開き、結実する草木が、政治も含め、
広い意味での文化です。私たちは、精神の
土壌《どじょう》を耕し、政党という種子を植えました。
今後も、全力で応援はしますが、それがい
かに育ち、どんな花を咲かせ、実をつける
かは、草木自体に任せるしかありません」

――この章では、海外各国にあっては、「政党結成の必要は、全くないと思っています」との先生の考えも示されています。

原田　その通りです。このことも先生は、さまざまな場面で明言されています。これは、ＳＧＩの一貫した方針です。

誰も置き去りにしない社会へ！

――62年9月、公政連は結成後初の全国大会を、東京・豊島公会堂で行います。

来賓として招かれた先生は席上、公政連の議員の在《あ》り方について、「大衆とともに語り、大衆とともに戦い、大衆のために戦い、大衆のなかに入りきって、大衆のなかに死んでいっていただきたい」と語られています。現在の公明党の原点といえる指針です。

原田　発足当初、公明党は「大衆福祉」をスローガンに掲げました。既成の政党・政治家からは、「福祉なんて政治ではない」「政治は慈善《じぜん》事業ではない」「素人《しろうと》」と陰口をたたかれたり、嘲笑《ちょうしょう》されたりしました。

しかし今や、どの政党も、庶民の生活の大事なポイントである「福祉」「社会保障」を政策の柱に掲げています。

ＳＯＫＡチャンネルＶＯＤの番組「大衆とともに～公明党の誕生」で、東京家政大学名誉教授の樋口恵子氏は、「福祉という言葉に一種の貧困対策というような考え方が、まだ持たれている時期に、公明党は〝これが国の政治の一つの中心ですよ〟ということを広げてくれた」と述べています。

また、中学3年生までの教科書無償配布、児童手当の実施なども公明党の実績です。

国連の「持続可能な開発目標（ＳＤＧｓ《エスディージーズ》）」は、「誰も置き去りにしない」社会を目指したものです。コロナ禍《か》の現在、ますますその重要性が叫ばれていますが、それは現実の政治の世界においても同様です。

先生が示された「大衆とともに」との指針は、時代を経るごとに重みを増しているのです。

日本を背負って立つ青年の前で

――64年5月の本部総会を経て、同月の男子部幹部会の席上、先生は公明党の結成を提案されます。男子部にとって、忘れてはならない歴史です。

公明党は結党当初から、金権腐敗《きんけんふはい》政治と戦い、国有財産払い下げを巡る不正を浮き彫《ぼ》りにし、共和製糖を中心とするグループの不当融資問題を追及するなど、「政界浄《じょう》化《か》の党」としても真価を発揮します。

『新・人間革命』第9巻「衆望《しゅうぼう》」の章では、党の結成、衆議院進出への先生の思いがつづられています。

原田　私は当時、聖教新聞社に入社して1カ月でした。この幹部会で学生部から男子部に進み、部隊長の任命を受けました。
席上、先生は、政党の結成を正式に表明されました。「いよいよこれから新しい時代が来るんだ」と感動で鳥肌《とりはだ》が立つ思いでした。

先生は、「未来の学会を、日本の国を背《せ》負《お》って立つ、わが男子部の決議として、公明党を結成することを要望していきたいと思いますが、よろしいでしょうか」と呼び掛けてくださいました。

その時、会場から地響きにも似た歓声と拍手が巻き起こりました。「未来の学会」「日本の国」を背負って立つ、青年の前で発表されたことに、本当に大きな意義があると思います。

——「衆望《しゅうぼう》」の章には、次のようにも記されています。

「この決断を下すまでには、長い、長い呻吟《しんぎん》があった。

地方議会や、衆議院の行き過ぎを是正《ぜせい》する参議院に同志を送るのと、政党をつくって、衆議院にも進出するのとでは、意義のうえでも、費《つい》やす力のうえでも、大きな開きがある。

党を結成し、衆議院に進出するということは、政権をめざし、一国の政治を担っていくことにつながるからだ。

また、もし、公明党に何か問題が生じれば、党を誕生させた母体である創価学会が、批判の矢面にさらされることも、覚悟せねばならなかったからである」

「しかし、仏法者として、立正安国という民衆の幸福と平和を実現していくためには、日本の政治の改革を避けて通るわけにはいかなかった」

原田　この言葉の通り、先生は一切の矢面に立ち、学会、そして学会員を守りながら、道を切り開いてくださいました。

先生は結党時、党の人々に、「虚栄《きょえい》と慢心《まんしん》、おごりを戒《いまし》めること」を訴えられます。

「衆望」の章にも書かれている通り、公明党の結成大会を日大講堂で開催することに対し、当時の委員長らに次のように指摘し、忠告されます。

〝党の運営について、口を出すのは控えてきたし、これからもそうするつもりである〟〝しかし、これから発足しようという、なんの実績もない小政党の公明党が、日本最大級の会場である日大講堂を使おうとしていること自体、虚栄ではないのか。何か勘違《かんちが》いしているのではないか〟

また、「傲慢《ごうまん》でわがままな議員」であったり、「私利私欲《しりしよく》をむさぼるような生き方」などであってはならない。親身になって人々の相談に乗らず、約束も守れない――そのように、民衆に仕えるという根本精神を見失った議員であってもならない。

先生は、こう厳しく警鐘《けいしょう》も鳴らされています。

民衆に奉仕《ほうし》し、民衆のために命懸けで働き、民衆のための政治を実現する――全民衆に信頼される公明党になってほしいがゆえに苦言《くげん》を呈《てい》されたのです。

――先生は、「結党までは、自分が責任

をもつが、あとは党として、皆でよく話し合い、自主的に運営していってもらいたい」と強く念願され、結成大会にも出席されませんでした。

原田　結成大会には、14社17人の外国メディアも取材に訪れました。

立正安国の実現のため、政治の分野に、いよいよ本格的な開拓の道が刻まれることになったのです。先生は、結成大会が開会される時刻になると、学会本部の広間の御本尊に向かい、深い祈りを捧《ささ》げられました。

一方で、既成勢力《きせいせいりょく》の反発も覚悟しなければなりません。世間の誤解、先入観を払拭《ふっしょく》し、公明党の目指す政治が、いかなるものなのかを、皆に正しく理解してもらうことが、決して容易ではないことも明白でした。

まさに、波浪《はろう》の海原《うなばら》への船出でした。しかし、そこには、確固たる羅針盤《らしんばん》がありました。創立者である池田先生が示された「大衆とともに」とのモットーです。公明党には今こそ、この立党の精神を燦然《さんぜん》と輝かせ、政権与党として、見事なかじ取りを期待したい。

II部
「大衆とともに」――
公明党の結党⑤

連立政権の〝安定の要《かなめ》〟

「中道」で、平和と繁栄の社会つくる

――常に庶民・大衆の目線に立つ、中道主義の政党である公明党は、１９６７年（昭和42年）１月29日、結党後初めての衆院選に臨《のぞ》みます。当時の模様は小説『新・人間革命』第11巻「躍進」の章に詳述《しょうじゅつ》されていますが、32人の候補者のうち、25人が当選し、大躍進します。

原田　この衆院選を迎えるに当たり、池田先生は新春幹部会（１月６日）の席上、「私には、公明党の創立者として、党の未来像を示し、かつ見守る責任があります。また、学会は党の母体であり、党員、支持者といっ

ても、現在の段階では、ほとんどが学会員です。よって、私が、学会の同志の方々に党の未来像を申し上げることが、最も大事であると考え、少々、申し述べたいと思います」と言われます。

そして、「中道政治で平和と繁栄の新社会」「大衆福祉で豊かな生活」「戦争のない平和な世界」を築くことが、公明党のビジョンであると訴えられたのです。

学会の同志は、大きな期待と希望をもって、支援活動に臨《のぞ》みました。

この時に示された指標は、公明党のみならず、日本の政治が21世紀へ向かって目指すべきものであったと思います。

――大勝利を果たした直後、先生が議員に向かって語られた言葉も『新・人間革命』につづられています。

「戦いはこれからです」「絶対に忘れてはならないことは、民衆の幸福のために、権力の魔性と戦い続ける精神です」と。

原田　そうです。特に強調されたのが、次の点です。

「これから先、党として、ある場合には革新政党と手を結ぶこともあろうし、保守政党と協力することもあるかもしれない。野党の立場で与党を正すこともあれば、政権に加わって、改革を推進することもあるかもしれない。あるいは、政策を実現するためには、妥協《だきょう》が必要な場合もあるでしょう。

人類の永遠の平和と、ヒューマニズムの勝利のため、池田先生と学会は、〝波浪〟の猛る大海へ（画・内田健一郎）

さまざまな選択はあるが、根本は国民の幸福のためであるということを、絶対に忘れてはならない。

さらに、政権に参画したとしても、徹して権力の魔性とは戦い抜くことです。そうでなければ、公明党の存在意義はなくなってしまう」

今振り返ってみても、すごい慧眼《けいがん》です。だからこそ、公明党の議員は、国民の生命と暮らしを守るため、この原点を命に刻み、戦い抜いてもらいたい。

ネットワークで小さな声を聴《き》く

――公明党が幾多《いくた》の烈風を経ながら、自民党の要請を受けて連立政権に参画したのは99年（平成11年）です。

大きなきっかけは97年、アジアの通貨危機に始まり、都市銀行や四大証券の一角の破綻《はたん》などで、日本が未曽有《みぞう》の金融危機に突入していたことでした。

98年7～10月の国会は、その克服が最大のテーマでした。

公明は野党でしたが、国家・国民の視点から政策判断をして、自民側が修正要求を可能な限り取り入れたことから、破綻前の金融機関に公的資金を投入する「金融早期健全化法」に賛成します。

〝ミスター円〟と呼ばれた大蔵省財務官の榊原英資氏は、退官後にテレビ番組で、公明の政策対応によって、「日本は救《すく》われた」と述べています。

原田　その通りです。公明は、あわや日本経済の底割れという国家的危機を回避させるために動きました。「国民のために何が大事か」という観点からでした。

当時は、そうした「合意形成型政治」を掲げつつも、連立政権入りは考えていませんでした。翌99年に自民党側から強い要請があり、連立に参加していくことになったのです。

――99年7月、公明党は臨時の党大会を開き、未曽有の難局を乗り越えるため、「政治の安定が何よりも必要」として、方針を決定。99年10月に正式に連立内閣が成立しました。

原田　政治は現実です。

それまで不安定な政治が長く続き、課題が山積していました。日本の安定のため、そして国民生活を守るための公明党の選択であったと思います。

また、社会のニーズや考え方が多様化していく中で、政治の世界においても、単独政党でなく、複数の政党で政権を担う時代になっていったのです。〝その方が、広範な国民のニーズに応え、庶民《しょみん》の声をより政治に反映することができる〟と語る識者も多くいます。


――公明党はまず、「政治腐敗《ふはい》」を防ぐための「政治家改革」に取り組みました。

連立に参加してすぐの2000年1月からは、政治家個人（資金管理団体）への企業・団体献金が禁止になりました。

同年11月には、政治家や秘書らが、あっせん行為（口利き）による見返りを得ることを禁止する「あっせん利得処罰法《りとくしょばつほう》」が、02年7月には、〝官民癒着《ゆちゃく》〟の不正行為を厳しく禁止する「官製談合防止法《かんせいだんごうぼうしほう》」が、公明党の主導で制定されています。

その後も、地方議員と国会議員のネットワークによる「小さな声を聴《き》く力」を発揮し、消費税への軽減税率導入、私立高校授業料の実質無償化をはじめとした教育費の負担軽減など、「国民のための政策」を実現していきます。

原田　公明党は、政治の〝安定の要《かなめ》〟と評価されるようになっています。

ケンブリッジ大学出版局が刊行する学術誌「日本政治学誌」では、連立政権における公明党の役割について、こう論じられています。

「公明党は、その規模以上の力を発揮して、自民党の重要な安全保障政策を抑制している」「1955年以来、自民党のアイデンティティーや綱領《こうりょう》に関わる優先事項とされている事柄について、重要な政策上の譲歩《じょうほ》を引き出している」と。

また、一橋大学の中北浩爾教授は、「公明党が存在感を示すことは、日本政治を安定させる上で不可欠《ふかけつ》」であると述べています。

さらに、「公明党は中道主義を掲げるとともに、党員や地方議員がしっかりしており、創価学会という支持団体がある」「社会に確固たる基盤を持つ中道的な勢力が政治の中心を担う。これこそ、本当に安定的な政党政治だ。まさに公明党的なものではないか。公明党は『大衆とともに』との立党精神と中道主義をさらに追究して、建設的な合意形成を図る勢力であるという自己認識をもっと高めるべきだ」とも語っています。

コロナ対策でも数々の政策実現

――最近では、新型コロナウイルスの対策として、1人当たり一律10万円の給付の実現や公明党が提言して実現した「専門家会議の設置」なども高く評価されています。

ワクチン・治療薬《ちりょうやく》の分野についても、プロジェクトチームを立ち上げ、対策を一貫してリードしてきました。

ワクチンは、世界で最も実用化へ先行しているとされる、英製薬大手のアストラゼネカ社から1億2000万回分、そして米製薬大手のファイザー社から2回接種《せっしゅ》で6000万人分を、いずれも開発が成功した場合に供給を受けるということで、基本合意できました。

治療薬についても、重症者向けの抗ウイルス薬レムデシビルが、日本で初めて薬事承認されています。

コロナ専用病院の開設を推進

――東京都は、大学病院等の施設を利用して、コロナ専用の病院を2カ所開設しました。これも都議会公明党が強力に推進したものです。

中小企業等を守るための持続化給付金の対象を拡大したほか、家賃支援も実現しています。

また、都道府県が医療提供体制の整備に使える「緊急包括《ほうかつ》支援交付金」を大幅に拡充し、医療関係者から高い評価が寄せられています。

さらには、困窮《こんきゅう》する学生への支援も推進し、文化芸術関係者への大規模な支援策については、日本が誇る世界一流のアーティストから感謝の声が届けられています。

政治評論家の森田実氏は、公明党の議員について、次のように述べています。

「国民目線に立って物事を考えている。国民と共に悩み、国民と共に考え、国民と共に進むという精神がある。公明党の言葉で言えば『大衆とともに』だ。他党は遠く及《およ》ばない」と。

原田　ジャーナリストの田原総一朗氏は、「公明党は昔から金権政治とは無縁の政党だし、なんと言っても議員が庶民《しょみん》目線ですからね。支持者もただ政治を批判するだけではなく、『自分たちが政治を作っていくのだ』という気概をもっている」と語っています。

公明党の結党から半世紀余。

長く日の当たらなかった庶民の一人一人が立ち上がり、連帯すれば、自分たちの声を政治の場に届けることができる。時代を変えることができる——そうして希望と勇気を持てるようになったことは、公明党の輝かしい歴史です。

試練の時代の今、公明党への期待は、ますます高まっています。国民のため、世界と日本の平和と安定のため、さらに働き抜いてもらいたい。

Ⅲ部
「青年学会」を築いた
若き日の闘争①

恩師の構想をすべて実現

世界に「旗持つ若人《わこうど》」が陸続と

――2020年9月27日に「世界青年部総会」がオンラインで開催されました。この日に向けて、世界中の青年が自分史上最高の成長を目指し、自行化他《じぎょうけた》の実践に懸命に励んできました。
そこで今回から、池田先生の若き日の闘争を学んでいきたいと思います。

原田　池田先生は常々、「学会は『青年学会』である」と語られています。青年部の皆さんが躍動する姿こそ広宣流布の希望であり、社会の希望だからです。
この、青年学会の伝統を築かれたのも戸

田先生の不二の弟子として一切の責任を担い、戦ってこられた池田先生です。

戦後間もない草創期《そうそうき》、青年の多くは生活苦にあえいでいました。その中で先生は、男子部の第1部隊長として〝世界の民衆を牽引《けんいん》するのは、ひとえに我ら青年だ。その指導原理となる生命尊厳の大哲理を、今こそ学び語り、広げようではないか〟との意気で、同志を鼓舞《こぶ》されました。

偉大な広布の使命に目覚めた同志が次々に立ち上がり、先生が率いる第1部隊の陣列は1年間で3倍もの拡大を果たしました。これが今日にまで続く「青年学会」の大きな礎《いしずえ》となったのです。

池田先生は、戸田先生にお仕《つか》えした11年間の思い出をとても懐《なつ》かしそうに語られます。私も幾度《いくど》となく、伺ってきました。その一つ一つが、創価の師弟の道を歩む上で大切な指標となります。

——池田先生が戸田先生と初めて出会われたのは、終戦満2年を迎えようとする1947年（昭和22年）の8月14日です。故郷の東京・大田区で行われた座談会でした。

この時、「立正安国論《りっしょうあんこくろん》」の講義をされていた戸田先生は、講義の後、19歳の池田先生に対して、「いくつになったね」と声を掛けられます。

原田　戸田先生は事前に、「わが地域には、こういう青年がいます」と、地元の方から池田先生のことを、聞かれていたそうです。

戦争で兄が亡《な》くなったこと、空襲によって家が焼かれてしまったこと、働きながら両親を支えていること――そのような状況をご存じだったそうです。

だからこそ「いくつになったね」という、旧知の間柄のような温かな言葉が自然と出てきたのだと思います。19歳という年齢を聞かれた戸田先生は、深い感慨をかみ締められていたようです。というのは、北海道から東京へ初めて出てきた戸田先生が、生涯の師となる牧口常三郎先生と最初に会われたのが、19歳であったからです。まさに運命的な師弟の出会いです。


――池田先生はこの時、戸田先生に「正しい人生とは、いったい、どういう人生をいうのでしょうか」等と質問をされます。


原田　戦後の混乱の中、皆が生きる目標を見失っていた時期です。青年として、これからの人生を、何を信念として、何のために生きるのか――池田先生は懸命に求めていました。そして当時、胸を病《や》まれ、生死の問題を真剣に考えられていました。

戸田先生は、池田先生の問いに、心のひだに染みるように話をされ、生老病死の打開の道を訴えられます。

さらに、「正しい人生とは何ぞや、と考えるのもよい。しかし、考える暇《ひま》に、大聖人の仏法を実践してごらんなさい。青年じゃありませんか。必ずいつか、自然に、自分が正しい人生を歩んでいることを、いやでも発見するでしょう」と語られました。池田先生は、率直な言葉、人柄に「この人なら信じられる」と直感されたのです。

——この場で池田先生は、戸田先生への感謝を込め、「旅びとよ　いずこより来り　いずこへ往《ゆ》かんとするか……嵐に動かぬ　大樹求めて　われ　地より湧《わ》き出でんとするか」と即興詩《そっきょうし》を披露されます。

原田　戸田先生は最後の一行を聞いた時に、にこやかにほほ笑まれます。

米デューイ協会元会長のガリソン博士は、この即興詩を通して「戸田会長はその精神に触《ふ》れ、民衆を救済《きゅうさい》する地涌《じゆ》の菩薩《ぼさつ》の出現を感じ取ったのではないでしょうか。廃墟《はいきょ》の極《きわ》みから不死鳥が躍り出たのです」と述べています。

池田先生は10日後の47年8月24日に入信されます。まさにこの時から、戸田先生と池田先生の師弟は、戦後日本の平和建設と民衆救済の歩みを始めたのです。

——池田先生は、戸田先生を生涯の師と定めた理由について、「軍国主義と戦い、獄中《ごくちゅう》闘争を貫いたという事実は、決定的なことだった」と語られています。戸田先生もまた、出獄《しゅつごく》して2年、心を同じくする弟子の出現を待たれていたのではないでしょうか。

原田　戦時中、学会は軍部政府から大弾圧を受け、牧口先生・戸田先生は逮捕され、牧口先生は獄中にて殉教《じゅんきょう》を遂《と》げられます。

　そのような中、年配者の多くがきびすを返すように退転してしまった。そうした状況から、戸田先生には〝頼みとすべきは、青年しかない〟との強い思いがあったのです。

　戸田先生は、投獄されていた巣鴨の東京拘置所《こうちしょ》の独房で作られた「同志の歌」に「妙法流布の　大願を　高くかかげて　独《ひと》り立つ」と詠《よ》まれています。ここには学会精神の根本がとどめられています。さらに、「捨《す》つる命は　惜《お》しまねど　旗持つ若人《わこうど》　何処《いずこ》にか」との一節からは、遥《はる》かな広布の未来を展望して、後継の青年の出現を求めていたことがうかがえます。そして現実に、池田先生を先頭に「旗持つ若人」が集い、立ち上がっていったのです。

　２０２０年1月、欧州青年部が歌った新愛唱歌「トーチベアラーズ（松明《たいまつ》を持つ人）」のＤＶＤが池田先生に届けられました。作詞に当たり、青年たちは「同志の歌」を学び合い、「広布大願の松明」を受け継ぐ決意を固め合ったそうです。

　10月2日は、池田先生が初めて世界広布の旅に出発されてから60周年の佳節です。戸田先生が呼び出された地涌の陣列は、池田先生の激闘によって今や、世界１９２カ国・地域にまで広がったのです。

師の心を察知し電光石火《でんこうせっか》の行動

――池田先生は、戸田先生のもとで薫陶《くんとう》を受けられました。原田会長が聞かれた、若き日の池田先生の奮闘について教えてください。

原田　池田先生が、よく語られていたことについて、３点述べたいと思います。

一つ目は「私は、当時の青年部から〝防《ぼう》波堤《はてい》〟と呼ばれていたんだ」ということです。

戸田先生は、全力で青年を訓練されていました。時に厳しい指導もされましたが、その対象は常に池田先生だったのです。先生は、このことについて「弟子としての私の誇り。誰よりも深く、恩師の師子吼《ししく》を、わが魂に刻み得た青春」とつづられています。

他の幹部は皆、池田先生の陰に隠れるようにして、戸田先生からの叱責《しっせき》の〝直撃〟を受けることはありませんでした。戸田先生には、生涯、師弟不二の道を歩もうと覚悟を定めていた池田先生への絶大な信頼があった。また、なんとしても、池田先生を世界の大指導者に育てなければならないとの強い思いをお持ちであった。それゆえに、あえて、誰に対してよりも厳しく指導してこられたのです。

しかし、当時の青年部は、戸田先生がなぜ厳しい指導をされていたのか、分からなかったそうです。池田先生は「戸田先生の真情を、私が皆に〝解説〟していたんだよ」

と語られたことがあります。

――かつて池田先生は、アメリカのコロンビア大学での講演で「今の私の98パーセントは、すべて、恩師より学んだものであります」とも述べられています。まさしく「不二の弟子」の道を歩まれてきたのですね。

原田　二つ目は、戸田先生から「鋭いアンテナを持っているな」と、よく言われていたということです。

受信力の鋭いアンテナのように、他の人ならば何も感じないようなことまで戸田先生の発言の意味を深く理解して、すべてを把握《はあく》した上で対応していくことができると。

実際に、池田先生は戸田先生が行くところ、常に、身に影が添うように敏速に動き、一切の準備をされました。そして、戸田先生の心の動きを一つ一つ鋭く感じ、電光石火で戦いの手を打たれていったのです。

――なぜ、それが可能だったのでしょうか。

原田　常に、戸田先生と同じ心で生きようと決め、先生のお言葉の真意はどこにあるのかを考え続けられていたからです。つまり、心で日々、戸田先生と対話し、師匠を心に抱いておられたからです。どこにいようが、師が厳《げん》として己心《こしん》にあってこそ、真の弟子といえます。

「大作がいれば、学会は安心だ」

――師から「学ぶ」だけでなく、その通りに「実践」することが大切だと感じます。戸田先生は「大作がいれば、学会は安心だ」と言われていたと伺いました。

原田　その通りです。池田先生は「戸田先生が示された構想は、全部、実現してきた」と、よく語られます。これが三つ目です。

　1951年5月3日の第2代会長就任の際、戸田先生は「75万世帯の弘教《ぐきょう》」を宣言されます。当時、戸田先生の会長推戴《すいたい》へ署名した会員の数は約3000人です。「75万世帯」は、実感の湧《わ》かない途方もない数だったのでしょう。

　しかし、池田先生は一人立たれた。就任式には、折伏してきた友人と共に参加し、この日、弘教を実らせています。さらに翌52年2月、蒲田支部で指揮を執《と》り、一支部で201世帯という拡大を成《な》し遂《と》げます。つまり、「75万世帯」への第一歩をしるされただけでなく、「75万世帯」達成への突《とっ》破口《ぱこう》を開かれたのです。

　池田先生は「戸田先生が冗談《じょうだん》のように言われたことまで、ことごとく現実のものとした。だから先生は、晩年は私の前では冗談すら言われなくなったんだ」とも語られたことがあります。戸田先生が語る、遠大な広布の展望を〝夢物語〟として受け取っていた人が多かったと聞きます。

　事実、戸田先生が会長就任式で発表され

た、75万世帯達成へという宣言も、当時の聖教新聞には掲載されなかった。実質約3000人に過ぎない学会が、75万世帯もの目標を活字として掲げることへのためらいがあったのでしょう。その中で池田先生だけが、師と共に、いや、師に代わってこの大偉業を必ず達成しようと決意された。これが、まことの弟子であり、そこに真実の師弟の道があります。

今や学会は世界宗教として大きく飛躍を遂げました。日蓮仏法を根幹とする平和思想を世界に広げるとともに、創価一貫教育の学びや、民主音楽協会、東京富士美術館などの諸機関を設立。世界を結ぶ平和・教育・文化の大運動をリードしています。草《そう》創期《き》には想像すらできなかったことを、すべて現実のものとしてきたのが池田先生なのです。

――その池田先生が今、どれほど青年部を信頼し、成長を待たれているか。青年部は後継の道を断固として進んでいきます。

原田　世界広宣流布の大潮流の先頭にいるのは紛れもなく青年部の皆さん一人一人です。コロナ禍《か》という未聞の大試練の中、新たな発想と挑戦で対話を拡大し、希望と励ましの連帯を広げている青年部の皆さんは、池田先生と同じ青春を送っています。どうか、そのことを最高の誇りに、師弟不二の道を真っすぐに歩んでもらいたいと思います。

Ⅲ部
「青年学会」を築いた
若き日の闘争②

師の薫陶《くんとう》を命に刻んだ「戸田大学」

激闘の中で学ぶ、鍛練の青春

――「わが創価学会は『学会』という名前の通り『学ぶ会』です」との池田先生の指針を胸に、青年部は、コロナ禍《か》の中にあってもオンラインでの御書講義を行うなど、工夫《くふう》しながら真剣に研さんに励んでいます。

そして「一身《いっしん》の安堵《あんど》を思わば先《ま》ず四表《しひょう》の静謐《せいひつ》を禱《いの》らん者か」（御書31ジペー）との御金言を自《みずか》らの誓いとし、行動しています。また、男女学生部のメンバーは環境に負けず、懸命に勉学に挑戦しています。

原田　池田先生は、青年部の皆さんが大きな試練に立ち向かい、奮闘されている姿について、「私は胸を熱くして見守っています。それぞれに今、言い知れぬ苦労があるだろうけれども、すべてが自分自身の生命の財宝となる」と語られています。

また、「青年リーダーは、皆、人の何倍も忙しい」「だからこそ、激闘の中で学んだことが、命の深き滋養《じよう》となる」と語られ、真剣勝負で学んだことがすべて大きな成長の糧《かて》となる、と励ましを送られたこともあります。

――池田先生との対談集を編んだ著名人に、物理学者でモスクワ大学の総長を務めたアナトーリ・A・ログノフ博士がいます。博士は、先生との出会いは「私の精神生活に多大な影響を与え、人生観を広げ、狭い専門的な関心だけでなく、多様な姿を見せる人生に深い意義を与えてくださいました」と述べています。

原田　ログノフ博士は、池田先生のことを「精神的な師匠」とまで言われます。このような、世界中の知性からの揺《ゆ》るぎなき信頼も、すべて若き日の「戸田大学」における恩師からの薫陶《くんとう》があったからだと、先生はよく語られます。

池田先生は夜学に通いながら、1949年（昭和24年）1月から戸田先生が経営する出版社に勤務されます。その後、経営の悪化が深刻になる中でも、池田先生は必死で師の事業を支え抜きました。しかし、50

年の年頭、戸田先生は「君には、本当にすまないが、夜学は断念してもらえないか」と池田先生に語られます。昼夜を問わぬ池田先生の献身なくしては、事業の窮地《きゅうち》を脱することはできない状況であったからです。

そして戸田先生は、池田先生を日曜ごとに自宅に招き、個人教授をされました。戸田先生が会長に就任した後は、市ケ谷にあった会社の事務所で毎日、始業前に授業が行われることになります。師と弟子が一対一で、またある時は数人のメンバーに対し、魂を注ぎ込むかのように万般の学問を講義されたのです。これが「戸田大学」です。

——一回一回、真剣勝負で行われ、講義中にノートを取ることが許されなかったことは有名な話です。

原田 講義の中で戸田先生は、こんなエピソードを紹介されたそうです。

長崎でオランダ医学を勉強した蘭学者がいた。すべて書き取っていたので、その筆記帳は膨大な量となり、行李《こうり》がいっぱいとなった。しかし、海を渡り帰る途中、船が沈んでしまい、筆記帳を失ってしまった。頭のなかには、何も残っていなかった——戸田先生は「だから、君たちは、頭のなかに入れておくのだ。メモはだめだ」と。

私たちも、池田先生から指導を受けている際、メモを取った瞬間に「メモを取ってもしょうがないじゃないか。生命に刻むことが大事なんだ」と指摘されたことがあります。池田先生は、戸田先生の教え通りに私たち青年を訓練してくださったのです。

――その科目は「経済学」「法学」「化学」「天文学」「日本史」「世界史」「漢文」「政治学」などでした。

原田　戸田先生は、このほかにも、青年の育成に力を尽くされ、『永遠の都』『水滸《すいこ》伝《でん》』『三国志』『平家物語』『モンテ・クリスト伯《はく》』『隊長ブーリバ』『九十三年』などの名著も取り上げて講義されていました。

よく池田先生は、「戸田大学で学んだ」と前置きをされながら、「御聖訓《ごせいくん》」「箴言《しんげん》」「古典」などを私たちに教えてくださいます。

それほど真剣に、恩師からの教えを生命に刻まれ、大事にされてきたのだと思います。それが先生の膨大なスピーチ、指導、講演、また提言や対談集などにも収められています。

戸田先生は、「青年よ、心に読書と思索の暇《いとま》をつくれ」と訴え、池田先生には、常々、「今日は、何の本を読んだか?」と聞かれたそうです。そして、本の名をお伝えすると、「その内容を述べなさい」「感想は?」と矢継ぎ早に質問されたといいます。しかも、その訓育は、戸田先生が亡《な》くなる2週間ほど前まで続いているのです。

「心こそ大切」の金言《きんげん》通りの実践

――「戸田大学」で、ある講義が修了し

た時のことです。戸田先生は机の上の一輪の花を取り、池田先生の胸に挿《さ》されました。そして、「この講義を修了した優等生への勲章《くんしょう》だ」「金時計でも授けたいが、何もない。すまんな……」と言われています。当時は、戸田先生の事業が苦境の底にあり、池田先生が、死にものぐるいで学会と戸田先生を支えていた時期です。

原田　これは、創価の師弟の本質を語る上で大変に重要なお話です。

池田先生はその頃、病《やまい》とも闘われながら題目を唱え、阿修羅《あしゅら》のごとく働き、勉強も重ねられました。それが「何ものにも負けない力となった」と言われています。

池田先生は「一輪の花」を深く信心で捉《とら》え、広宣流布の大師匠からの最高の賞讃と受け止め、アパートに帰宅した後も御宝前にそなえ、感謝の祈りをささげられました。御書に「ただ心こそ大切なれ」（１１９２ジペー）と説《と》かれている通りの実践です。

先生はこの時の真情について「その花こそ、世界中のいかなるものにも勝《まさ》る、最高に栄誉ある勲章であると思った。感動を覚えた。自分は最大の幸福者であると感じた」とつづられています。

――作家の佐藤優氏も著書『池田大作研究』で、このエピソードについて論究しています。「胸に挿した一輪の花が、学位なのである。一輪の花は、博士号よりも重い学位だ。卒業証書や学位のような肩書が重

戸田大学では真剣勝負の講義が続いた（画・内田健一郎）

要なのではない。学知を身体化することが重要なのである」と述べ、だからこそ池田先生が「一輪の花」を挿された時に「自身は最大の幸福者であると感じた」と指摘しています。

原田　今、池田先生の平和・文化・教育への貢献に対する賞讃の声はやむことがありません。世界24カ国からの国家勲章、大学・学術機関からの397の名誉学術称号（2020年11月現在）など、世界中から贈られた「英知の宝冠《ほうかん》」は、その結実なのです。

また、戸田先生は折に触れて、功労のあった同志を最大にたたえてこられました。学会はそうした精神を継承し、奮闘する同志を労《ねぎら》い、激励するために、感謝状などを授与して、表彰を行っています。池田先生は、これらについて「単なる一枚の紙だというような受け止め方をしたら絶対に後悔するよ。一人一人が、人生を広布に懸《か》けた証明なんだ。そういう心を持っていくことが重要なんだ」と教えてくださったこともありました。これも大変に重要なご指導です。

「未来のために日々、猛勉強を」

――池田先生は、行く先々で青年を薫陶《くんとう》されました。ご揮毫《きごう》や和歌、句などを頂いた人たちも、膨大な人数になります。先生の広布旅の大きな目的の一つに、各地の広布を担う青年の育成があったと言っても過言ではないように感じます。

原田　1977年5月のことです。池田先生は、この前月に開館したばかりの熊本文化会館を訪問されました。

そこでは、歴代会長の文字が刻まれた石碑や、同会館の由来の碑などの除幕式が行われました。先生は突然、県の青年部長を指名し、碑文を読むよう呼び掛けられました。その青年部長は急に言われて焦《あせ》ってしまったのか、難しい漢字などを読む時に言いよどんでしまいました。先生はリーダーとして事前に碑文をしっかり読んでおく努力、勉強が大切であることを語られながら、戸田先生からの薫陶を、こう述懐されます。

「戸田先生の、青年に対する訓練は、本当に厳しかった。『勉強しない者は、私の弟子ではない。私と話す資格もない』とさえ言われていた」「戸田先生が厳愛をもって育んでくださったおかげで、今日の私があるんです。青年は、未来のために、どんなに忙しくても、日々、猛勉強するんだよ」と。

――あまりに峻厳《しゅんげん》な師弟の世界。そして、そのすべてを私たち青年に伝えようとしてくださる池田先生の大慈大悲《だいじだいひ》。弟子として、襟《えり》を正《ただ》さずにはいられません。

原田　先生は、小説『新・人間革命』をつづられた真情について、「『戸田大学』で恩師から一対一の薫陶を受けたように、日本中、世界中の青年たちと、この書を通して命と命の対話を交わしたいということであった」と述べられています。

世界中の青年が『新・人間革命』を研さんし、師と対話する思いで日々の信仰の糧《かて》としています。徹底して学び、実践する青春の中に鍛えがあり、自《みずか》らの血肉《ちにく》となっていきます。後継の皆さんが一段とたくましく成長していくことで、さらに強固な青年学会が築かれていくのです。

III部

「青年学会」を築いた
若き日の闘争③

師と同じ心で
一人立つ弟子に

〝私の心には、いつも戸田先生がいる〟

――1951年（昭和26年）5月3日に第2代会長に就任された戸田先生は、同年7月11日に男子部を、19日に女子部を結成されました。男女青年部の誕生です。その上で、戸田先生が会長に就任されるまでには、若き池田先生の人知れぬ奮闘がありました。

原田　事業の行き詰まりから、50年8月に戸田先生が学会の理事長辞任の意向を発表された後も、池田先生は〝私が働いて、働いて、働き抜いて、先生の借金も返済しよう。そして、戸田先生に、会長になっていただこう。それが、弟子である私の戦いだ！〟と深く決意し、命懸けで戦われました。

　池田先生は苦境のさなかの日記に、こう書かれます。

「未来、生涯、いかなる苦難が打ち続くとも、此《こ》の師に学んだ栄誉を、私は最高、最大の、幸福とする」（51年1月7日）

　どんな苦しい状況下にあっても、師弟の道を貫き通された、この先生の苦闘があってこそ、戸田先生が第2代会長として、広宣流布の指揮を執《と》ることができたのです。

――51年5月3日に戸田先生が会長に就任し、生涯の願業として、会員75万世帯の達成を発表されます。

　小説『新・人間革命』第22巻「新世紀」の章で非常に印象的なのは、戸田先生が「広宣流布は、この戸田がする。七十五万世帯は、戸田の手で達成する。君たちも手伝いたいか！」と語っていたということです。


原田　戸田先生は、決して「戦ってくれ」とは言いませんでした。広宣流布に一人立たれたのです。弟子が、広宣流布の戦いに加わることを誓願したのです。

　その上で「新世紀」の章では、こうつづられています。

「だが、その戸田が、ある時、伸一に、こう語ったのである。『広宣流布は、お前がやるのだ。大聖人の仰《おお》せの通りに、立正安国の戦《いくさ》を起こせ！　手伝いをしている気持ちの者が、何万人集まろうが、本当の戦いはできんぞ！』。戸田は、最終的には、自分と同じく、師子となって一人立つ弟子を、つくろうとしていたのである。そして、その範《はん》を示す使命を、伸一に託したのだ」

池田先生が、戸田先生の言葉を通して、皆が師匠と同じように、一人立つ弟子となることが最も重要であることを、私たちに教えてくださっているのだと思います。


――戸田先生は会長就任の2カ月後に、男女青年部を結成されています。第26巻の「厚田《あつた》」の章には、男子部結成式前夜の、戸田先生と池田先生の師弟の語らいが描かれています。


原田　そこには、男女青年部結成の意義について語った、戸田先生の言葉が明らかにされています。

「生涯、正法正義《しょうほうしょうぎ》を貫き通す人材を、私は青年部のなかから育てていく。この戸田の弟子であることの〝誇り〟をもち続け、広宣流布という〝大理想〟に生き抜こうという人間だ！」「皆の心から、創価の師弟の誇りと、広宣流布の理想に生きようという一念が希薄《きはく》化してしまえば、学会の未来はない。いや、そうなれば、地涌《じゆ》の菩薩《ぼさつ》であるとの自覚も失われ、真実の幸福の道も見失ってしまうことになる。学会を、そうさせないために、青年が立つんだ」

そして、池田先生に対して、「君は、その事実上の原動力になるんだ。模範にな

東京・西神田にあった旧学会本部。1951年7月に男女青年部の結成式が行われた

れ！　永遠にだ。班長という一兵卒《いっぺいそつ》から戦いを起こし、全軍を率《ひき》いて、広宣流布の大理想に突き進め！」「頼んだぞ！　万人の幸福を築け！　そのために学会は、後世永遠に広宣流布を、立正安国をめざして進んでいくんだ」と訴えられています。

　これこそが、青年部結成の最も重要な意義なのです。

——男子部結成式の席上、戸田先生は「今日、ここに集まられた諸君のなかから、必ずや、次の創価学会会長が現れるであろう。必ず、このなかにおられることを、私は信ずるのです。その方に、心からお祝いを申し上げておきたい」「広宣流布は、私の絶対にやり遂《と》げねばならぬ使命であります」

と、あいさつをされます。

原田　結成式に参加された草創《そうそう》の先輩から「あの豪放《ごうほう》な戸田先生の話が、戸惑うくらいに実に丁寧《ていねい》だった」と伺ったことがあります。戸田先生が、結成式に対して特別な思いをもって臨《のぞ》まれていたことが伝わってきます。

同時に、この戸田先生のあいさつには、広宣流布を誰に託すのか、という問題が示されていると思います。

池田先生は、結成式の日、男子部の班長の任命を受けました。戸田先生の万感の思いを生命で感じた池田先生は、広布の新たな拡大を誓われます。4日後の7月15日には、仙台の地で、病《やまい》を克服したことなど、自身の信仰体験を確信込めて語られました。8人の新来の友が入会を決意したことを、先生が述懐されています。まさに、決意即行動です。先生は戸田先生の誓いをわが誓いとして、即座に実践に移されたのです。

妙法の哲学こそ、幸福の根本条件

――男子部に続いて、7月19日には女子部が結成されました。この日、戸田先生は「女子部は、一人も残らず幸福になりなさい」と語られました。
原田　まだ終戦から6年ほどしかたっていない頃のことです。戸田先生は、それまでの女性史が〝宿命に泣く女性の歴史〟であったことを踏まえ、この不幸な歴史を転換しゆく使命を学会の女子部に託《たく》されたのです。

「女性の幸福の根本条件こそ、永遠不滅の妙法の哲学である。純粋な、忍耐強き信心に生涯を生ききることだ」とも語られました。師の思いをそのまま受け継ぎ、皆を慈《いつく》しみ、励ましを続けてこられたのが池田先生なのです。

女子部結成式に参加した74人の中には、池田先生の奥さまもいらっしゃいました。いわば「女子部の1期生」です。奥さまは当時、東京・銀座にあった銀行に勤めており、結成式には仕事を終えてから駆《か》け付けられたそうです。社会でも信頼を得ながら、女子部の建設に向けて、連日、奮闘されていたのです。

――今、池田先生・奥さまの慈愛《じあい》に包まれて、女子部の池田華陽会の連帯は世界に広がっています。同志と励まし合い、社会に地域に、友情と幸福の輪をさらに大きく広げてまいります。

「民衆の幸福」と「恒久平和」実現

――先ほど触れた、第22巻「新世紀」の章で戸田先生が「一人立つ精神」を池田先生に語られる場面は、1975年7月3日に行われた戸田先生の出獄30周年の記念集会での述懐です。

池田先生は、この記念集会で首脳幹部らの話を聞きながら、〝戸田先生の出獄《しゅつごく》から

30年にして、実質的に日本第一の教団となった今日の創価学会を、先生がご覧になったら、どれほどお喜びか〟と、目頭を熱くし、在《あ》りし日の恩師に思いを馳《は》せられます。

原田　この時、先生は「御聖訓《ごせいくん》に照らして、これからも私たちには激しい嵐がありましょう。獰猛《どうもう》な波浪《はろう》の攻撃もありましょう。しかし、私たちは、信教の自由を、人権を、人びとの幸福と平和を守るために、戦い続けなければなりません」「私は、民衆の幸福と恒久平和を実現するために、終生、この学会を全力で守り、育ててまいります。それが、戸田先生にお応えする道であると確信しております」と語られています。

この年（75年）の5月に、先生がヨーロッパ、ソ連を訪問される時のことです。たしか、羽田空港を飛び立った飛行機がシベリア上空に来た頃でした。思索されていた池田先生がパッと身を正して、「今年は戸田先生の出獄《しゅつごく》30周年だな」と、同行していた私たちにおっしゃり、次から次へとさまざまな構想を話されました。

池田先生はよく、「私の心にはいつも戸田先生がいる」と言われますが、師の遺訓《いくん》を思索し、その実現に向けて身を粉《こ》にして世界を駆《か》け巡る先生の姿を目の当たりにして、感動が走りました。襟《えり》を正《ただ》さざるを得ませんでした。

そして、池田先生は7月3日の記念集会

で、戸田先生の故郷である北海道・厚田《あつた》に、恩師の偉業を永遠に宣揚する記念碑を建設する計画も発表されました。

2年後の77年10月2日には厚田の地に「戸田記念墓地公園」が完成します。考えられないようなスピードでの完成に、恩師に対する池田先生の思いの深さが表れていると思います。

――先生が青年時代の決意のままに、師弟を貫かれていることに感動を覚えます。この師弟の道に「青年学会」の勝利の要諦《ようてい》があると思います。先生にとって、学会にとって、その本格的な出発が青年部の結成であったことを心に刻みます。

原田　男女青年部の結成について、私自身も青年時代から思索し、同世代の友とも語り合いましたが、やはり、「創価学会の本格的な広宣流布への出発」であり、「師弟による広宣流布の共戦の出発」という、非常に重要な儀式《ぎしき》であったのだと確信しています。
以来、70年目に入り、各国・地域の地涌の同志が集う世界青年部総会は、池田先生から後継のバトンを受け継ぐ、歴史的な式典となります。まさに、人類の宿命転換を成し遂《と》げゆく、遠大な師弟旅への希望の出発なのです。

III部
「青年学会」を築いた
若き日の闘争④

師の願業達成の原動力に

札幌、大阪、山口で「壁を破る」戦い

――1953年(昭和28年)1月2日、25歳の誕生日を迎えた池田先生は、男子部の第1部隊長に就任されます。会員75万世帯達成という戸田先生の願業に向けて、池田先生は烈々たる気迫で戦いを開始されました。

原田　男子部が掲げた目標は、年末までに「各部隊1000人」の達成でした。池田先生が率《ひき》いる第1部隊は、当時337人。先生は、3倍の拡大に向けて、まず新しい人材を登用し、それまでの6つの班を10班に再編しました。この10人の班長に「部隊

十傑」との称号を贈り、「核」となるメンバーの団結を図りました。

さらに、各班で分隊長10人を登用し、「部隊百傑」に。総仕上げとして、100の分隊が、それぞれ部員10人を達成すれば「1000人」の陣列になるという、勝利への明確なビジョンを示したのです。

そして、新たな人材育成のホシを「信心に励む理由を明確にすること」として、「なぜ勤行をするのか。なぜ折伏をするのか。どうして、信心で人生を勝ち開くことができるのか等々、この根本の目的が納得できれば、決して人にやらされるのではなく、主体的に取り組んでいける。そこに、本当の力が出るんだ」と励まされました。

「なんのため」――策《さく》に走るのではなく、皆が、その目的を心から理解、納得してこそ勝利がある。実は、ここに指導の要諦《ようてい》があります。

――男子部では、先生の戦いを模範に、2019年から、部や本部で核となるメンバーを糾合する「広布十傑」運動を展開しています。現在も、オンラインなどを活用した懇談や会合を積極的に開催し、これまでを大きく上回る数のメンバーが集うようになった地域も多く、着実に人材の裾野《すその》を広げています。

原田　先生の戦いは、青年学会の永遠の指標です。

先生は、徹底して「一人」を大切にする

ことを訴え、自《みずか》らが実践されました。班長と共に自転車で一軒一軒、訪問・激励を重ね、会えない同志には、はがきを書き送ることもしばしばでした。こうした先生の率先の行動が、弘教《ぐきょう》の勢いを生み、第1部隊は、その年の11月に見事、「部隊1000人」を達成しました。

「新しい人材を育てる」「核を固める」「一人を大切にする」――こうした広布の戦いの鉄則も、すべて先生が、若き日に自らの戦いで示されたのです。

――先生は、この53年4月に文京支部長代理にも就任し、低迷していた支部を第一級の支部へと発展させました。戸田先生が会長に就任されて3年を迎えようとしていた翌54年3月30日には、青年部の室長に就任されます。

原田　「大作が立つ時が来た」「一切、頼むぞ」と、戸田先生から直接の任命を受けたのです。青年部の室長といっても実質的に学会全体の企画・運営を担う大任です。

それまでの学会は、戸田先生が陣頭指揮を執《と》られ、すべてをその双肩《そうけん》に担われていました。学会を船だとすれば、お一人でスクリューと操舵《そうだ》を兼ねておられました。戸田先生は、学会の〝新しいスクリュー〟として池田先生に広布の全責任を担う立場を与え、訓練されたのです。

就任の日、先生は日記に、御書の「結句《けっく》は勝負を決せざらん外は此《こ》の災難《さいなん》止《や》み難《がた》かるべし」（998ページ）との一節を書きとどめられました。師のもとで、広宣流布の全責任を担わんとする先生の壮絶なまでの、決定した一念が感じられてなりません。

後に先生は、当時を述懐し、「社会の安《あん》穏《のん》なくして、民衆の安堵《あんど》はない。自他共《じたとも》の幸福と平和へ、青年が先頭に立って、勇敢に行動に打って出る。このたゆまぬ挑戦にこそ、若き命の『人間革命』があり、『宿命転換』の勝利がある。それが、そのまま『立正安国』の勝利へ連動していくのだ」とも、つづられています。

未来を志向して新たな手を打つ

――コロナ禍《か》という試練に立ち向かう今、先生のご指導に決意を新たにします。青年室長時代の先生の闘争について、しっかり学んでまいります。

原田　私自身が、先生の広布の闘争に感じる第一の点は、「広布拡大にすさまじい突破力と実現力で臨まれていた」という点です。室長任命から約1カ月後の5月には青年部5000人の結集、その半年後には、倍増となる1万人の大結集を果たされます。

率先の行動が、弘教《ぐきょう》・拡大の勢いを生む

55年の「札幌・夏の陣」、56年の「大阪の戦い」「山口開拓指導」――広布史に燦《さん》然《ぜん》と輝く、これらの拡大の戦いもすべて、室長時代の池田先生が勝利の指揮を執《と》られています。いずれも、戸田先生の誓願であった75万世帯達成の大きな原動力となったことは言うまでもありません。

先生は当時を振り返り、「楽な戦いは一つもなかった。誰もが『難《むずか》しい』『無理だ』と後込みする激戦ばかりであった。しかし、偉大なる師匠の弟子として、断じて負けるわけにはいかなかった」とつづられています。一日一日、強盛《ごうじょう》な祈りと、果敢《かかん》な行動で勝ってこられたのです。

――先生が室長になられてから、拡大の上げ潮が全国へと広がると同時に、学会の運動がより多角的になっていったのではないでしょうか。

原田　先生は、「常に未来を志向して、新たな発想で手を打つ」ということを実践されていたように感じます。

さらに、「広宣流布は大文化運動である」とのお考えがありました。音楽隊を結成されたのは、室長就任の約1カ月後の54年5月6日です。今や、音楽隊や鼓笛隊は全国大会で日本一に輝いたり、地域行事などに招聘《しょうへい》されたりと大活躍しています。

そして、同年11月には青年部の体育大会を企画し、開催されました。これが後の、青年部の平和文化祭などにつながったのです。

また、先生は室長時代から、学会の主要行事を映画フィルムに収めるように推進されてきました。歴史的な「原水爆禁止宣言」や「3・16」の記念式典などを今、私たちが映像として見ることができるのも先生の先見性があってのことなのです。

どうすれば皆が喜んでくれるか

――先生の、汲《く》めども尽きぬ泉のような新しい発想の源泉は、なんであるとお考えでしょうか。

原田　広布誓願の一念にほかならないと思います。そして、「どうすれば皆が喜んでくれるのか」「勇気と希望をもって前進できるか」という、同志を思う真心です。その姿勢は、現在まで一貫《いっかん》されています。

宗門事件の中、1979年4月、先生は会長辞任を余儀《よぎ》なくされた時、宗門僧と反逆・退転の徒《と》によって、会合に出て指導することも、指導を機関紙に報じることもできなくなってしまった。その時、先生は「私は、戸田先生の弟子だ。だから、いかなる状況下に置かれ、すべての立場を剥奪《はくだつ》されても、広宣流布の戦いをやめるわけにはいかないのだ。どう戦うか、見ておくのだ」と言われました。

そして、家庭訪問、個人指導、少人数の懇談を徹底して続けられました。また、会合で指導するなというので、勇壮に学会歌の指揮を執《と》られ、一日に何千人もの同志と記念のカメラに納まり、握手を交わし、激励されました。時には手が真っ赤に腫《は》れ上がってしまったほどです。広布の烈々《れつれつ》たる闘魂、同志への励ましの心――その強い一念から智慧《ちえ》は無限に湧《わ》くことを、先生は教えてくださったのです。

――今、私たちも、世界広布を実現された池田先生にお応えしようと、オンライン等を使い、新しい発想で対話を拡大しています。

原田　世界中の青年部の皆さんが、先生への報恩感謝の思いで広布の使命に立ち上がっていることを、とても心強く思います。

今思うと、戸田先生と池田先生は、世界広布へ向けての着々たる歩みを開始されていました。1953年11月18日には、牧口先生の著作『価値論』が再版されました。戸田先生は、この本を世界の大学・研究機関に送ることを提案されます。この準備を青年部の中心となって推進されたのが池田先生です。実際に約50カ国422の大学・研究機関へと送付されました。

実は、発刊から50年後の2003年、イギリス屈指の名門オックスフォード大学のボドリーアン図書館に、この『価値論』が所蔵されていることが確認されました。

同図書館からは1989年、平和・教育への貢献をたたえ、池田先生に対して、「終身名誉館友」証が贈られています。不思議な縁《えにし》を感じずにはいられないエピソードです。

先生は、戸田先生のもとで、社会、世界に開かれた広布の運動の展開を思索し、実践してこられました。それが現在の、世界に広がる創価の平和・文化・教育の運動へと結実しているのです。

――池田先生が室長に就任された当時、戸田先生は、何をすればいいかを明確に示すことはなく、「まず、全部、自分たちで責任をもって考えよ」という訓練だったと聞いたことがあります。

原田　恩師に応え、池田先生は一切の責任を担い、広布の突破口《とっぱこう》を切り開かれたのです。弟子が立つ。弟子が師匠を頼らない。

これは今、最も大切な姿勢であり、先生が青年時代から実践し抜いてこられたことです。先生は「青年と共に、青年の心で壁を破り、広布拡大に生き抜くのが、青年学会の永遠の伝統である」とつづられています。壮年・婦人部も青年の気概を持って全力で青年部を応援してまいりたい。

III部
「青年学会」を築いた
若き日の闘争⑤

後継とは弟子の勝利の実証

青年は常に「広布の主体者に」

――「世界青年部総会」がいよいよ目前に迫ってきました（2020年9月27日開催）。

総会に向け、今回、新たに誕生した青年部歌「Eternal Journey with Sensei!～永遠の師弟旅～」と共に、世界の若き池田門下が前進しています。

青年部歌は「さあ 共に出発しよう！ 命ある限り戦おう！」との一節から始まります。これは、小説『新・人間革命』第30巻「誓願」の章での、池田先生の呼び掛けを引用させていただいたものです。

総会では、先生の万感の期待に立ち上がった、世界中の青年部が集い合います。

原田　師匠のもと、弟子が永遠の広布を誓う――法華経に説《と》かれる「在在諸仏土《ざいざいしょぶつど》常与師倶生《じょうよしくしょう》」の経文にも通ずる、壮大な後継の集いとなることを期待します。

思えば、1958年（昭和33年）の3月16日、戸田先生のもとに6000人の男女青年部員が集い、〝広宣流布の模擬試験〟といわれる記念式典が行われました。

この場で、池田先生を中心とした愛弟子《まなでし》たる青年部に、戸田先生は「広布後継」のバトンを託されます。

池田先生は「3・16」について、「先生と私、第二代と第三代の師弟不二の大儀式であった」「そして私と共に、愛する青年たちが、永遠に同じ決意で、広宣流布の誓願に立ち上がりゆく日となった」とつづられています。「3・16」は、師に広布を誓う弟子の「誓願」の日なのです。

このことは、小説『人間革命』第12巻「後継」の章などを通して、皆さんよく学ばれていると思います。

その上で、まず確認したいことは、前年の57年12月に、戸田先生の願業《がんぎょう》である「75万世帯の弘教《ぐきょう》」を達成した上で、式典が行われたということです。

池田先生は「弘教七十五万世帯は、師弟の誓願であった」「もし師弟の誓願が達成できていなければ、『3・16』の式典――あの後継の大儀式は完成されなかった」ともつづられています。つまり、「広布後継」とは、師弟の勝利の実証あってこそ、なしえることなのです。

――式典に際しては、お体が衰弱《すいじゃく》されていた戸田先生に乗っていただこうと池田先生が依頼し、有志が作製した「車駕《しゃが》」が用意されていました。しかし、戸田先生は車駕を見られ、「大きすぎる。これでは、戦闘の役には立たぬ！」と言われます。

原田　戸田先生は「こんな重いものを担《かつ》ぐ青年がかわいそうではないか。軽くて、どこへでも飛んでゆけるものが必要なんだ」と、厳しく叱責《しっせき》されます。池田先生は、戸田先生のお体の負担を少しでも減らし、ゆったりとできるように、大きめの車駕を用意されたのです。そんな先生のお気持ちを知らぬ先輩幹部のなかには、冷ややかに笑うだけの人もいたそうです。

しかし、池田先生は、戸田先生のお心を痛いほど理解されていました。これも恩師からの厳愛《げんあい》の訓練だったのです。池田先生が「弟子が真心で作ったものです。どうか、お乗りください」と申し上げると、戸田先生は、にっこり頷《うなず》き車駕に乗られました。式典後にも、「体が良くなったら、あの車駕に乗って全国を回りたいな」と語られていたそうです。

池田先生の念頭にあったのは、三国志の「五丈原《ごじょうげん》の戦い」で、病篤《やまいあつ》き諸葛孔明《しょかつこうめい》が車に乗り、指揮を執《と》った故事《こじ》でした。

恩師は、弟子の心を喜ばれていたのです。その上で、将軍学を教えるために、あえて最後まで厳しく指導されたのです。この一事からも、戸田先生と池田先生の師弟が、いかに強い絆《きずな》で結ばれているのかということに改めて感動を覚えます。

広布を阻《はば》む悪を断じて許すな！

――夜行列車やバスに揺られ、早朝、集ってくる青年たちのために、戸田先生が、豚汁の用意を指示されたことは有名です。

原田　参加者には、事前にお椀《わん》と箸《はし》を持参するように連絡がありました。皆、何をするのだろうと疑問に思っていたところ、到着後、豚汁が振る舞われたのです。

3月半ばとはいえ、明け方の富士山麓《さんろく》は、さすがに寒い。青年たちの体を温める食べ物を用意し、空腹を満たし、元気づけたいとの戸田先生のご配慮です。どこまでも青年を大切にしようという師の真心をかみ締める思いで、参加者は舌鼓《したつづみ》を打ちました。

池田先生は、その時に食べた豚の皮でペンケースを作るように手配し、後に「3・16」の記念として代表に贈られています。それは「広布後継」の誓いの刻印《こくいん》となったのです。

――式典の開始は午後0時40分。司会は池田先生でした。席上、戸田先生は、集った6000人の前で「創価学会は宗教界の王者である」と宣言されました。これが後継の青年たちへの最後の師子吼《ししく》でした。

原田　「宗教界の王者」とは戸田先生が生涯を捧《ささ》げた広布の、勝利の大宣言でした。

池田先生は「『宗教界の王者』とは万人成仏の法を明かした『一切経《いっさいきょう》の王』たる法華経の精神を身に体して、広宣流布という最も至難《しなん》な大聖業《だいせいぎょう》を遂行《すいこう》する王者のことである」「我ら創価の師弟は、未来永遠にこの『王者』の心で、威風《いふう》も堂々《どうどう》と戦い続けていくのである」とつづられています。

また、戸田先生が「創価学会は、宗教界の王者として、社会のあらゆる分野に、真に優《すぐ》れた人物を送り出していくのだ」と語られていたことも、池田先生から教えていただきました。まさしく今、その大いなる時が到来しているのを感じます。

――式典の十数日後、大石寺で所化頭《しょけがしら》が年少の所化をいじめていました。日頃から学会の悪口を言っている所化頭でした。青年部がその悪を徹底して糾弾《きゅうだん》した報告を聞かれた戸田先生は、池田先生に「追撃《ついげき》の手をゆるめるな！」と厳命《げんめい》されました。これは、青年の私たちが常に心に刻むべき遺訓《いくん》だと思います。

原田　その時、戸田先生は宗門の腐敗《ふはい》堕《だ》落《らく》に心を痛められ、こう言われています。

「なぜ、堕落が始まり、腐敗していくのか……。それは、広宣流布という至上《しじょう》の目的に生きることを、忘れているからだ。この一点が狂えば、すべてが狂ってしまう。残念なことだが……令法久住《りょうぼうくじゅう》を口にしながらも、多くの僧侶が考えていることは、保身であり、私利私欲《しりしよく》をいかに満たすかだ。……つまり、欲望の虜《とりこ》となり、畜生の心に堕《だ》してしまっている」

そして明言されています。

「戦時中、大聖人の仏法は、外敵によってではなく、臆病《おくびょう》で、姑息《こそく》な、僧侶の保身によって滅ぼされようとした」「そのなかで、厳然と、大聖人の仏法の命脈《めいみゃく》を保ったのが、牧口先生であり、創価学会なのだ。……だから、大聖人の御精神は、本当の信仰は、学会にしかない。……宗門は、死身《ししん》弘法《ぐほう》を貫いた学会と、戦後、僧俗和合《そうぞくわごう》してきたからこそ、大聖人の仏法を継承できたのだ……。もし、学会から離れるならば……大聖人の正義を踏みにじった、謗法《ほうぼう》の宗でしかなくなってしまう」

池田先生は「追撃の手をゆるめるな！」とは、戸田先生が「将来の先の先まで見通され、宗門内部に巣食う腐敗堕落とは断固戦えとの、甚深《じんじん》の指導であった」と、教えてくださいました。戸田先生の最後の指針が〝広布を阻《はば》む悪を断じて許すな〟との魂の叫びであったことは重要であり、断じて忘れてはなりません。

——戸田先生は逝去《せいきょ》の直前、会員を激励された際に〝第三代会長になられる方はすでに決まっている〟とも語られていたと伺いました。

原田　そうです。戸田先生は「戸田亡《な》き後は、第三代会長になられる方が、広宣流布のすべての指揮を執《と》り、世界広布の理念と方法のレールをちゃんと敷《し》いてくださる。四代から先は公平な方であれば、誰が会長になっても困らぬように、第三代が仕上げてくれます。第三代の教え通りに実行していけば、世界の広宣流布は必ず必ず実現できるのです」と述べられました。この予見通り、池田先生の指揮のもと、今や、世界広布は現実のものとなりました。

——式典から2年後の3月16日、池田先生は日記に「化儀《けぎ》の広布の大式典は、一日にして終了するものではない」とつづられました。先生が第3代会長に就任される2カ月前のことです。

原田　先生が毎日を「3・16」の誓いのままに戦い抜いてこられたことが伝わってきます。後に、先生は「私たちの日々の勤行・唱題には、『虚空会《こくうえ》の儀式』に連なりゆく意義がある」「毎日が『3・16』である。永遠に決意の日であり、断固と勝利へ出発する日なのだ」ともつづられています。私たちも、毎日が「3・16」との精神で戦いを起こしていきたい。

——式典から30年後の88年、先生は長編詩「青は藍《あい》よりも青し」を発表されました。「その広布の大河の流れが／歴史の必然であるか否《いな》かを／君よ問うなかれ／汝《なんじ》自身の胸中に／自《みずか》らの汗と労苦により／広布を必然たらしめんとする／熱情のありや無しやを　常に問え」との呼び掛けは、私たち青年への永遠の指針だと思っています。

それでこそ、総会が21世紀の大いなる希望の転機と輝いていくのです。

　青年一人一人の成長を、誰よりも池田先生が見守り、待ち望んでおられます。

原田　先生が、青年に常に訴えられているのは「広布の主体者」であることです。

　２０２０年は池田先生の会長就任60周年であり、「11・18」には学会創立90周年を迎えます。私たちは先生の死身弘法《ししんぐほう》の闘争に心から感謝申し上げ、戦っていきたい。

「創価青年学会」の新時代を迎えた今、世界中の若き池田門下が地涌の使命を自覚し、社会に希望を広げています。悔《く》いなく戦い、勝利の歴史を残していただきたい。

Ⅲ部
師弟で開いた
「青年育成」の大道①

民衆を守る永遠の使命が

「最も苦労した人こそ、最も成長できる」

――過日の世界青年部総会は、日本を含め世界五大陸のメンバーがオンラインで参加し、学会創立100周年への10年を勝ち開く後継の誓いを新たにしました。池田先生が、どれほどの不惜《ふしゃく》の闘争で私たち青年を育成され、世界広布の大道を開いてくださったか、感謝は尽きません。今回からは、創価の師弟と青年の使命について伺っていきたいと思います。

原田　私も総会にオンラインで参加しました。激動と混迷の時代に、新たな智慧《ちえ》の光で〝広布の誓火《せいか》〟を広げようとする青年の熱と力に、心から感銘しました。

先生はかつて、随筆で「新しい歴史を開くのは、断じて青年だ。戸田先生、そして私の思いは、この青年を愛し、信ずる一心である」とつづられました。先生ほど、青年に期待を寄せ、希望を与えてくださる指導者はいません。

その信念と行動の源《みなもと》は、すべて恩師・戸田先生から受け継がれた誓願の魂であります。


――学生部は、戸田先生が久しく構想され、ようやく結成された最後の組織です。改めて、「学生部の使命」について、お聞かせいただければと思います。


原田　学生部の結成は、1957年（昭和32年）6月30日です。東京・麻布公会堂（当時）で行われた結成大会には、約500人の男女学生が集いました。しかし、その会場に、当時、青年部の室長だった池田先生の姿はありませんでした。北海道・夕張《ゆうばり》の炭鉱労働組合が不当に学会員を弾圧《だんあつ》した「夕張炭労事件」が勃発《ぼっぱつ》し、先生は会員を守るため、北海道で一切の指揮を執《と》られていたのです。

さらに、事実無根の選挙違反の容疑で、大阪府警への出頭要請があったのも、この日でした。そして、3日後の7月3日に不当逮捕《たいほ》され、「大阪事件」が起こります。

まさに、新しい民衆勢力として発展していった学会が、権力の魔性と真っ向から対《たい》峙《じ》する渦中《かちゅう》で結成されたのが学生部です。これは、学生部の使命を示す、極めて重要な事実だと思います。

――緊迫した状況下にあっても先生は、北海道から「地涌《じゆ》の学徒たち」へ万感の祝電を送られました。「新しき世紀を担う秀才の集いたる学生部結成大会、おめでとう！　会長先生のもとに勇《いさ》んで巣立ちゆけ」と。

原田　先生は当時の思いを、次のように語られています。

「学生部は学会の生命線であり、学生部が成功するならば創価学会は大きく広宣流布の軌道《きどう》にのる……もしだめなら、学会のみならず、いじめられっぱなしの無名の民衆は永遠にしいたげられたままであろう。

――いわば創価学会がその前途を、また民衆幸福の前途を学生部に託したんだ。だから、僕はなんとしても成功させたい、発展させたい、そう祈るような気持ちで電報を打ったんだ」

権力の魔性から民衆を守るには、力ある指導者を育てるしかない――これが、戸田先生、池田先生の結論であり、誓願なのです。

――結成大会の席上、戸田先生は〝この中から半分は重役に、半分は博士に。一人も漏《も》れなく次代の指導者に〟と期待されました。

原田　つまり戸田先生は、学生部員に向かって、宗教家になれとも、職業的革命家になれとも言われませんでした。学会精神を心に刻んだ〝社会の指導者〟として、あらゆる分野に羽ばたくことを望まれていたのです。それは、民衆のためのリーダーを育成しようとする「指導者革命」への挑戦であり、そこにこそ、学生部の永遠不変の使命があります。

また随筆で池田先生は、「迫害のなかの誕生！　弾圧のなかの出現！　なんと素晴らしい学生部の原点であったことか」と記された上で、こう結論されています。

「『6・30』とは、いわば、恩師の構想の実現へ、弟子が一人立ち上がる日である」

「夕張《ゆうばり》炭労事件」「大阪事件」にしても、池田先生ご自身が、すべての矢面に立って同志を守り、不当な権力と戦い、勝ち抜く姿を、身をもって示されました。

弟子が師と同じ一念に立つ。そして、師の指導を深く思索し、わが誓いとして、新たな社会変革の潮流を起こしていく。これこそ「6・30」の意義にほかなりません。

師の期待を胸に変革の先駆を！

――学生部への先生のご期待は計り知れません。先生はこれまで、世界に向けた重要な歴史的提言を、学生部総会の場を選んで発表されてきました。67年の「ベトナム停戦」「沖縄の即時返還《へんかん》」、68年の「日中国交正常化提言」などです。

原田　それはまさに、学生部が平和建設の主体者として、時代変革の先駆を切ることを、誰よりも期待し、信じておられたことの証左《しょうさ》にほかなりません。

「日中国交正常化提言」の発表については、小説『新・人間革命』第13巻「金《きん》の橋《はし》」の章に、詳《くわ》しく明かされています。

68年当時は東西冷戦の激化と、中国国内で始まっていた文化大革命《ぶんかだいかくめい》の影響で、日本国内での対中国感情は冷え切っていました。

実際、提言発表から3日後の日米の会議でも、外務省の高官が、提言に強い不満を表明したほどです。そうした反発はおろか、命に及ぶ危険さえ考えられる状況でした。

それでも先生は決断されたのです。「私が、発言するしかない！　私は仏法者だ。人びとの幸福と世界の平和の実現は、仏法者の社会的使命である」「私の考えが正しかったかどうかは、後世の歴史が証明するはずだ」と。

どれほど勇気ある、先見《せんけん》の明《めい》に長けた提言であったか。現実に、日中国交正常化が4年後の72年に実現したのは周知の通りです。

――「金の橋」の章に、日中友好の大業は「世紀を超えた、長く遠い道のり」であり、「自分と同じ心で、後を受け継《つ》ぐ人がいなければ、成就《じゅうじゅ》はありえない」とつづられています。

原田　だからこそ先生は、後継の人材群の第一陣として、学生部の育成に、総力を挙げてこられたのです。

63年の月刊誌「第三文明」新年号には、日中友好の道を開いた先達《せんだつ》・高碕達之助氏へのインタビュー記事が掲載されています。その取材に当たったのは、2人の現役学生です。中国訪問を重ね、周総理《しゅうそうり》とも会見をしている高碕氏に、ぜひ話を聞いてはどうかとの池田先生の提案によるものでした。

13ページに及ぶ記事は、高碕氏の人間観がよく表れ、中身の濃い内容でした。そうしたことからも、先生は前々から学生部に対し、日中友好を託そうとされていたのだと思います。

時代が切望する人間主義の人材

――先生は学生部に対して、「『学び』は、自分自身との戦いだ。『力』は、苦闘の果てに勝ち取るものだ」と述べられています。学生部員の中には、勉学とアルバイトなどを両立させながら学会活動に励むメンバーが多くいます。

原田　私が全国学生部長だった75年8

学生部は平和建設の主体者、時代変革の先駆者

月、先生が夜学に通う2部学生を対象に「飛翔会《ひしょうかい》」を結成してくださいました。働きながら学ぶという大変な状況の友を、先生は「学会の先駆である学生部のなかでも、最も期待すべき存在」として、厳父のごとき慈愛《じあい》を込めた激励を幾度《いくど》となく重ねられていました。

両立で悩むメンバーがいれば、先生ご自身が大世学院《たいせいがくいん》（現・東京富士大学）の夜間部で学びながら戸田先生の事業を支えられた経験を通され、「すべてやり切る」と一念を定めて祈り、知恵を湧き立たせて挑戦していく大切さを訴えられていました。

飛翔会のメンバーは、師と同じ道を歩む青春を最大の誇りとし、学生部をけん引する拡大を果たしていきました。

〝学会活動がしたい〟と思っても、十分に動けない時もあります。しかし、〝忙しいから仕方がない〟と諦《あきら》めるのではなく、工夫して時間をつくり出し、広宣流布の使命を果たし抜こうとすることが大切です。その中で、強い意志力と忍耐力が磨《みが》かれていきます。

先生は、「最も苦労した人こそ、最も成長を遂《と》げる」と断言されています。逆境があってこそ、苦労があってこそ、自身の大成があることを銘記していただきたい。

事実、人一倍、苦労した人ほど、社会で活躍しています。師の闘争に思いをはせ、先生のご指導通りに挑戦を重ねていきたいと思います。

――秋には大学祭シーズンが始まりますが、2020年はコロナ禍《か》で学祭が中止になる大学も少なくありません。そうした中でも、SDGs《エスディージーズ》（持続可能な開発目標）をテーマに、オンラインで展示活動を行う学生部有志や、大学や自治体等と協力した活動を推進しているメンバーもいます。

原田　素晴らしい挑戦です。コロナ後の時代、そして、さらに加速していくであろうデジタル社会において、英知の学生部の皆さんが果たす使命は大きいと思います。

混迷《こんめい》の世は、確固たる哲学を持つ人材を切望しています。人間主義の創価の哲学こそが、新たな時代の希望の黎明《れいめい》となりゆくことを確信してやみません。

大学で学ぶのは、大学に行けなかった人たちに奉仕《ほうし》し、貢献するため――これが先生の一貫したお考えです。

学生部の皆さんが徹底して学問と人格を鍛え、未来を開く挑戦の先頭に立つリーダーへと成長していっていただきたいと心から望んでいます。

III部
師弟で開いた
「青年育成」の大道②

師の構想を実現する弟子の「誓い」の証《あか》し

戸田先生の指針

「青年よ、一人立て!」

——創立90周年の「11・18」へ、青年部は、勇んで対話に挑戦しています。創立の月・11月は、「男子部の日」(5日)、「女子部の日」(12日)の節も刻みます。

原田 11月はまさに、青年部が勇躍前進を期す月でもあります。

1961年(昭和36年)、池田先生は、同年「躍進の年」を別名「青年の年」とされ、青年の育成に一段と力を注《そそ》がれました。

そして翌年を「勝利の年」とし、そのスタートの意味を込めて11月に開かれたのが、それぞれの「部の日」の淵源《えんげん》となった

第10回男子部総会、第9回女子部総会でした。

各会場には、墨痕鮮《ぼっこんあざ》やかに大書された「勝利」の文字が掲げられていました。男女青年部は、その文字を生命に焼き付けて新出発したのです。

――この半年前に当たる61年5月3日、先生の会長就任1周年となる本部総会の席上、男子部総会で〝10万人結集〟を目指すことが正式に発表されました。

原田　〝10万人結集〟は、54年に戸田先生が「大白蓮華」の巻頭言に発表された「国士訓《こくしくん》」の指針です。

「青年よ、一人立て！　二人は必ず立たん、三人はまた続くであろう。かくして、国に十万の国士あらば、苦悩の民衆を救《すく》いうること、火を見るよりも明らかである」

戸田先生は明治期のお生まれなので「国士」という表現をされましたが、それは、日本のみならず世界の民衆の幸福と平和を築く人材のことです。戸田先生は宗教の世界に閉じこもるのでなく、仏法を根本に社会の平和と発展に貢献していく青年の使命を示された。そうした人材が10万人集うならば、新しき時代を建設する堅固な礎《いしずえ》が築かれるとの信念と確信の叫びでした。

――この戸田先生の師子吼《ししく》を誰よりも真剣に受け止められたのが、当時、青年部の室長だった池田先生でした。

原田　「国士訓《こくしくん》」発表当時の男子部員は1万人を超えたばかり。「10万」という数字を皆、夢物語のように感じていました。しかし先生だけが、心深く誓われていたのです。〝たとえ誰がやらなくても、私は、断じて、戸田先生の構想を実現してみせる！〟

先生は、そのために、率先垂範《そっせんすいはん》の行動で広布の戦野を駆《か》け巡り、連戦連勝の金字塔《きんじとう》を打ち立てていかれました。

――男子部は58年9月に部員が10万人、61年5月3日に25万人の陣列となり、拡大の渦《うず》の中での〝精鋭《せいえい》10万人結集〟でした。

原田　11月の総会前には、男子部も女子部も各方面の総会を開催し、かつてない大結集を成《な》し遂《と》げます。

例えば、九州での男子部の総会には、部員数の7割を超す1万7000人が集いました。先生はこの頃、「大阪事件」の裁判が大詰めを迎え、何度も出廷《しゅってい》しなければならない緊迫した状況の中、すべての方面総会に出席されました。

――そして11月5日、東京・国立競技場で第10回男子部総会が開催され、精鋭10万人が集います。総会に参加できたのは、首都圏を中心とした代表のメンバーであり、多くの人が弘教《ぐきょう》を実らせて参加したと伺っています。

戸田先生の「国士訓」を実現した精鋭10万人が集った第10回男子部総会（1961年11月5日、東京・国立競技場）

原田　その通りです。私も当時、行進メンバーの一員として総会に参加しました。

2週間ほど前から、行進の練習を行いましたが、当初、歩調や歩幅が全く合わず、不安ばかりが募《つの》りました。

しかし先生が、〝この総会は、青年部の室長として、私の最後の仕事になるんだ〟とおっしゃっていたとの話を伺い、皆で再び奮起しました。

先生はその1年半前に会長になられていたわけですが、先生にとって〝10万人結集〟は、戸田先生の不二の弟子として「国士訓」の構想を断じて実現してみせるとの誓いの証《あか》しにほかならなかったのです。峻厳《しゅんげん》な師弟の魂に触《ふ》れ、身の引き締まる思いでした。

〝日本一の行進をして、弟子の心意気を示そう!〟と皆で心を一つにし、荒川の土手や晴海埠頭《はるみふとう》などで何度も練習を重ね、本番を迎えました。

青空に浮かび上がるような「勝利」の文字。音楽隊のファンファーレが轟《とどろ》き、スタンドを埋め尽くす参加者が見つめる中、緊張しながら行進したことは、今も胸の奥に鮮烈に焼き付いています。

〝何があっても、生涯、池田先生と共に、学会と共に進もう!〟と、深く決意させていただいた出来事でした。

信仰の目的とは、幸福になること

――女子部としても、61年11月12日に8万5000人が結集した第9回女子部総会は、大きな師弟共戦の歴史です。

原田　総会の会場となった横浜・三ツ沢の競技場は、戸田先生が「原水爆禁止宣言」を発表された学会の平和運動原点の地です。

女子部も当日を迎えるまでの1年間で、部員が11万人以上も増加し、歴史的な大拡大で総会を勝ち飾りました。

この席上、池田先生は三つの指針を贈られています。

「信仰の目的は幸福になることにある」
「次代を担う女性指導者に」
「全員が教学部員になろう」

以来、その師の心のまま、女子部の皆さんは毎年巡り来る「11・12」を起点に、創価の女性として広布に生き抜くことを誓い合い、行学の二道に率先されています。

近年は「池田華陽会御書30編」の読了運動を軸《じく》に、婦女一体で歓喜の歩みを進める姿は学会の希望です。

――女子部は、改めて三つの指針を胸に、前進してまいります。

原田　ともあれ、この61年は、先生の師《し》子奮迅《しふんじん》の指揮により、学会総体としても、青年を先頭に大躍進しました。そして、ついに62年11月、戸田先生が池田先生に遺言《ゆいごん》として託された会員300万世帯を達成します。

師弟一体で広宣流布を成《な》し遂《と》げていくという精神が、見事に受け継がれたのです。

「冥《みょう》の照覧《しょうらん》」を確信して前進！

――その後、先生は、青年部の人材グループの育成にも力を注がれます。66年7月には、女子部の「整理班」が「白蓮グループ」として出発。71年2月には「牙城会」が結成され、76年11月には、それまでの「輸送班」を発展的に解消し、「創価班」が結成されました。

原田　三つのグループに通底していることとは何か。その一つが「冥の照覧」ではないかと思います。

これまでも幾度《いくど》となく、それぞれのグループに対して、先生は「冥の照覧」を象徴する句を贈られました。

北海道で会館厳護に徹する牙城会の友には、「ただ頼む／冥《みょう》の照覧《しょうらん》／牙城会」。

雪が舞う東京の立川文化会館の駐車場で任務に就く創価班の友には、「寒風に／一人立ちたり／創価班」。

そして、白蓮グループの友には、「かげなれど／冥の照覧／まぶしけれ」。またある時には「白蓮の／皆様ありて／創価かな」と。

先生は、こうした句以外にも、さまざまな機会に、数え切れないほど、直接、青年を激励してこられました。

――小説『新・人間革命』第24巻「厳護《げんご》」の章には、こう記されています。「生命の因果《いんが》の理法、言い換えれば、『冥の照覧』を確信して、仏道修行に励むことこそ、仏法者の生き方の基本なのだ。『牙城会』『創価班』『白蓮グループ』などの尊き姿には、その精神がみなぎっている」

原田　どのグループも、先生が手づくりで育ててこられました。一例を挙げれば、牙城会の友と一緒に本部周辺を回られ、花壇の木の根元まで懐中電灯を照らし、詳細に点検された。まさに、先生は身をもって、学会厳護の精神を教えてくださったのです。
また、来館者を出迎える白蓮グループの清々しい振る舞いに、「学会は素晴らしい」と語る友人や来賓の感動の声を何度も耳にします。
――2019年に「創価班」「牙城会」「白蓮グループ」に入団したメンバーは、各グループの「新時代1期生」として出発しました。以降、小説『新・人間革命』完結からの年数と、同じ数を重ねていくことになります。

原田　「新しい力」が「新しい広布の扉」を開く――これが広布の鉄則です。若き皆さんは、広宣流布の新時代を切り開く先駆者です。「陰徳《いんとく》あれば陽報《ようほう》あり」（御書1180ページ）、「かくれての信あれば・あらはれての徳あるなり」（同1527ページ）との御金言《ごきんげん》を胸に、勇躍の前進を期《き》していってください。
　壮年・婦人部の皆さんも、池田先生が青年を信じ、激励を送り続けられたように、「新しい人」が無限に力を発揮できるよう、共に「青年の心」で励ましを送っていきましょう！

III部
師弟で開いた
「青年育成」の大道③

未来部こそ次代の「黎明《れいめい》」

万年の勝利開く大樹と育て！

――「大白蓮華」2020年8月号の講義「世界を照らす太陽の仏法」の中で池田先生は、「今の高等部、中等部、少年少女部の皆さんの前進こそ、全世界の次代の黎《れい》明《めい》を告げる暁鐘《ぎょうしょう》である」とつづられています。先生は、半世紀以上前に高等部、中等部、少年少女部（当時は少年部）を結成されてから、一貫して未来部の重大な使命を教えてくださっています。

原田　高・中等部の設置が発表されたのは、1964年（昭和39年）6月1日。実はそれまで、高校生は男女青年部と一緒に学会活動に取り組んでいました。

そこには、世代を超えた交流を通じて、高校生に信心の触発《しょくはつ》をもたらすという意味がありました。しかしそれ以上に、高校生にとっては、学業の励みになるような組織の在《あ》り方が大事ではないかと、先生は考えられていました。

また当時、少年犯罪が増え、非行化傾向も社会問題になっていました。何が善《ぜん》で、何が悪なのか。人間の使命、人生の価値とは何か。先生は中高生に人間主義の哲学を教え、育成の模範を示していくことが学会の使命であると考えられ、高等部・中等部の結成を決断されたのです。

――そして東京では、各本部別に高等部の結成式が行われ、6月7日、先生は江東区の東京第2本部の会場に出席されます。

原田　結成式の終了後、担当幹部に対して、先生は次のように語られました。

「あくまで勉学第一であり、学問に励むようにすることです」

「人間として大成するために、信仰の『種《たね》』、信念の『種』、哲学の『種』を植えていくんです。そして、将来の社会の指導者を、学会の指導者を育てていくことが、担当者の皆さんの使命です」

さらに「担当者としては、どこまでも対等な人格として、若き同志として接していくことです。同じ人間として、人格の触発を行っていくことが、本当の指導です」と。

これらは、先生の一貫したご指導です。

——65年1月15日には全国各地で高・中等部の部員会が開催され、この日が中等部の結成の日となりました。

原田 先生は、中等部の新出発に当たり、指針を贈られました。

「勤行をしっかりしましょう」「勉強をしっかりしましょう」「正しく、強く、明るい毎日を送りましょう」など、実に分かりやすい明快な指針です。

さらに先生は、高等部員に、5年後を目指して決意の署名をするように提案されるなど、皆が励みになり、大成できるように、さまざまな手を打たれていきます。その豊かな発想と迅速《じんそく》な対応を目の当たりにし、感嘆する青年部の最高幹部に、先生は語られました。

「何もしなければ、人は育たない。大切なのは触発《しょくはつ》だ。その触発をもたらすには、日々、命を削《けず》る思いで、成長を祈ることだ。そして、〝どうすれば、みんなの励みになるのか〟〝どうすれば、勇気が出せるのか〟〝どうすれば、希望がもてるのか〟を、瞬間瞬間、懸命に考え続けていくことだ。強き祈りの一念が智慧《ちえ》となり、それが、さまざまな発想となる。責任感とは、その一念の強さのことだ」

先生の発想、行動。その根源は、広布への責任感、一念の強さであることを、改めて学ぶことができました。

高等部の代表一人一人に部旗を授与する池田先生（1965年10月、東京・信濃町の学会本部）

「勉学第一」貫き、民衆を守る人に

――同年10月には、高等部の部旗授与式が学会本部で行われ、首都圏の代表276人が参加しました。

原田　私も、聖教新聞の記者として、その場にいました。

重い部旗を、300人近いメンバーに直接、手渡していくのは、並大抵《なみたいてい》ではありません。旗立てから部旗を取り、先生に手渡す幹部の方が、ふらついてしまうほどでした。

しかし先生は、汗をにじませながらも毅《き》然《ぜん》とした姿で、一人一人に激励の声を掛けながら授与されていました。

そして、「諸君は、十年先、三十年先、五十年先までも、結束《けっそく》を固めていっていただきたい。そして、創価学会を守っていただきたい。そして、学会員を守っていただきたい。民衆を守っていただきたい。とともに、〝広宣流布のバトンは引き受けた。広布の総仕上げをするのだ！〟との決意をもっていただきたい」と語られ、「勉学第一」の指針を示されます。

先生の高等部に対する期待の叫びは、鮮《せん》烈《れつ》な印象《いんしょう》をもって心に焼き付いています。

――少年部が、65年9月23日に結成されました。これによって、少年・中等・高等部の、今日の未来部の組織が整ったことになります。

原田　先生は当時の幹部に対し、〝少年少女の心というのは真っ白なキャンバスなんだ。それにどういう絵を描くか、あるいは描かせるかは、リーダーの一念にかかっている〟とご指導されたことがありました。

さらに先生のご提案で、66年5月5日に現在の「富士少年希望少女合唱団」の前身となる「富士少年合唱団」と「希望少女合唱団」が誕生します。メンバーは合唱を通して、人格形成と信心の骨格を鍛えていきました。やがて、全国各地にも合唱団が結成され、人材育成の流れが大きく広がっていったのです。

――高等部結成2年となる66年「黎明《れいめい》の

年」は、別名「高等部の年」となりました。この年、先生は「鳳雛会《ほうすうかい》」「鳳雛グループ」を結成。以後、「五年会」「二〇〇〇年会」「未来会」など、次々に人材グループをつくられます。

原田　先生自《みずか》らが手塩にかけて未来の宝を励まされ、毎回の出会いのたびに、全力で育成に取り組まれていました。

印象的だったのが、66年の夏季講習会です。先生はスポーツ大会に出席され、高等部の代表と共にソフトボールをされました。先生はファーストを守られていましたが、内野ゴロを打って打席から全速力で走ってきたランナーと衝突《しょうとつ》。先生の左腕に血がにじみ、腫《は》れるほどのけがをされてしまいました。

その夜には、高等部、中等部、少年部の合同部員会が開催される予定でしたが、周りにいた幹部たちは休養されるよう申し出ました。しかし先生は、「全国から集って来てくれた、大事な、大事な学会の後継者たちが、待っているんだから」と、痛みを押して出席してくださったのです。

先生は約50分間、けがを忘れたかのように渾身《こんしん》の指導をされ、学会歌の指揮まで執《と》られました。民衆に、同志に奉仕《ほうし》する広宣流布のリーダーの生き方を、身をもって教えられる先生の姿に、メンバーは皆、涙を流し、後継の誓いを新たにしたのです。

自身を鍛錬する青春時代の試練

――「未来会」が結成された70年6月は、言論《げんろん》問題の直後でした。

原田　マスコミの学会批判は続いており、記者会見で意地の悪い質問を繰り返す記者も多くいました。しかし先生は、厳然と宣言されます。

「学会がどうなるか、二十一世紀を見てください。社会に大きく貢献する人材が必ず陸続と育つでしょう。その時が、私の勝負です！」

当時の真情は、小説『新・人間革命』第14巻「大河」の章につづられています。

〝自分の手で、本物の人材を育てよう。本当の弟子をつくろう。広宣流布が仏意仏勅《ぶついぶっちょく》である限り、自分の期待を生命で受け止め、後継の使命を自覚し、二十一世紀のために立ち上がってくれる真の弟子が、絶対に現れるにちがいない〟――先生は、こう確信されていたからこそ、未来への人材の流れをつくるための布石として、未来部各部を結成され、「未来会」をはじめとする人材グループの育成に全精魂《ぜんせいこん》を注がれたのです。

師の薫陶《くんとう》を受けた鳳雛《ほうすう》たちは今、弁護士、大学教授、医師、実業家、通訳など、社会で実証を示す各界の第一人者として活躍し、広布の舞台でも使命に生き抜いています。

――先生は今も未来部の育成に力を注が

れ、励ましを送ってくださっています。夏の「未来部ドリームチャレンジ期間」では、作文や絵画の各種コンクールに加え、英語スピーチコンテスト「未来部イングリッシュチャレンジ」を実施し、多くのメンバーが挑戦しました。

原田　コロナ禍《か》という大きな不安や変化の中で、勉学に挑む未来部員の苦労はひとしおだと思います。しかし、青春時代に悩み、大きな試練を乗り越えていくことは、それだけ自身が鍛えられ、大きな使命を果たしていけます。

　先生は今の未来部員を「二十一世紀人」と呼ばれ、「人生百年時代」を飾りゆく世代と期待を寄せられています。学会創立100周年の2030年、そして22世紀から遥《はる》かその先へ、世界広布の万年の勝利を開く後継の大樹こそ、今の未来部の皆さんです。一人もれなく、「法華経の命を継《つ》ぐ人」（御書1169㌻）です。

　未来の宝に対する先生の思いを私たちが継承し、真心の励ましを送りながら、共に成長し、広布の未来を切り開いていきたいと思います。

III部
師弟で開いた
「青年育成」の大道④

師弟の絆《きずな》が広布発展の源

世界の青年に、全精魂《ぜんせいこん》込めた励まし

――池田先生は、会長就任5カ月後の1960年（昭和35年）10月2日から海外指導を開始されました。最初の訪問地ハワイで海外初の地区が結成された際、早くも男女の地区の中心者や男子部の班長を任命し、全力で激励されます。世界広布の始まりが、即「青年育成」であったことに感謝は尽きません。

原田　私はありがたくも、先生の広布旅に何度も随行させていただき、世界の青年への激励行に間近で接することができました。多くの忘れられない場面がある中、まず思い浮かぶのはイタリア青年部との交流です。

81年5月28日、先生は初めてフィレンツェを訪問されました。当時、イタリアには、社会や政治に失望する若者が多くいた時代です。悩み苦しむ青年たちに先生は、寸暇《すんか》を惜《お》しんで交流の時間をつくり、激励を続けられました。市内の名所を見学する際には、いつも青年や学生を連れて訪問されていました。

ある時、一人の青年が「池田先生は、どうして歩くスピードが速いのですか」と質問したことがあります。先生は「私は、戦中・戦後の時代を生きてきました。お金がなくて、移動の時にたくさん歩いたから、足腰が鍛えられたんだよ」と、ほほ笑《え》みながら答えられました。そして「いつの日か、イタリアにも大きな会館を建てて、皆で記念の総会をやろうね」と、広布のロマンを語られたのです。

——その言葉通り、11年後の92年（平成4年）には、フィレンツェ市内に、SGIのイタリア文化会館が誕生しますね。

原田　そうです。またある時は、文豪ゲーテなども訪れたといわれるフィエーゾレの丘で市街を一望しつつ、居合わせた青年たちに語り掛けられました。

「今、ここから見える一つ一つの窓の中に、将来、御本尊を持った同志がいることを想像してごらん」

81年当時といえば、フィレンツェの会員は100人ほど。しかし、先生の言葉を真っすぐに受け止めた青年たちは、希望に燃えて対話に奔走《ほんそう》し、フィレンツェには今日、4200人を超える広布の陣列が築かれました。

――2016年7月には、イタリア共和国政府とイタリア創価学会仏教協会の間で結ばれたインテーサ（宗教協約）が発効《はっこう》されました。

原田　まさに、イタリアのメンバーが、〝良き市民〟として多くの信頼を得てきた一つの証左《しょうさ》です。

学会の運動に深い信頼を寄せるカトリックの信徒団体「聖エジディオ共同体」のアルベルト・クァットルッチ事務総長は語っています。

「インテーサは、非常に重要なものです。というのも、国家とSGIが『共通の善』という価値の実現に向けた挑戦を始めることを意味するからです。国家の繁栄と平和を実現するために、国が共に行動するパートナーとしてSGIを認めたということではないでしょうか」と。

国民の約8割がカトリックを信仰する国で、創価学会が正式に認められたということは大きな意義があります。

コロナ禍《か》においても、イタリア創価学会が政府機関にいち早く寄付を行うなど、さまざまな貢献を果たし、多くの評価と感謝の声が寄せられています。

――また、ブラジル広布の大発展の源《みなもと》になったのも、先生のブラジル青年部への激励であったと伺っています。

原田　その通りです。1974年当時、ブラジルは軍事政権下で先生にビザが発給されず、入国を阻《はば》まれる状況でした。メンバーは悔《くや》し涙をぬぐい、ブラジルの天地で、さらに信頼を広げることを誓います。そして決心します。

「私たちが、池田先生に会いに行こう!」

9年後の83年7月26日、先生が滞在する鹿児島県・霧島《きりしま》の九州研修道場(当時)に、ブラジル青年部の代表ら38人が駆《か》け付けました。先生は、そのメンバーを「ブラジル霧島会」と命名してくださいました。

――先生は〝霧島会〟の友に詠《よ》まれました。

「はるかなる/ブラジル天地を/飛びたちて/ああ求道の/君ら燦《さん》たり」

原田　その2日後の懇談会で、当時の男子部長らが、「先生、ブラジルに来てください!」とお願いします。先生は即座に、「必ず行くよ! 広宣流布は私の生涯の使命だからね」と応じられました。

その約束通り、翌84年2月、フィゲイレド大統領(当時)の招聘《しょうへい》で、先生の3度目となるブラジル訪問が実現したのです。

ブラジル霧島会のメンバーは、皆が師匠との不滅の原点を胸に、純真に信心を貫き、ブラジルSGI理事長をはじめとする広布と社会のリーダーに成長を遂《と》げていきます。

陰の人を見つけ、徹底して大切に

――韓国男子部も、「部の日」の淵源《えんげん》となった先生との出会いを胸に、勢いよく前進しています。

原田　それは86年8月18日、長野研修道場での先生との出会いですね。韓国の青年部の代表が、先生の前で「今日も元気で」「アリラン」を歌いました。感動で涙ぐむ青年たちに先生は、皆の顔を優《やさ》しく見つめながら、「強くなりなさい。仏法者は強くなくてはならない」と厳愛《げんあい》の指導をされました。

そして色紙に、「使命の青春　努力の人生　栄光の人間」と認《したた》め、贈られます。それは後に「韓国男子部永遠の3指針」となり、友は指針を胸に友情を広げ、地域や職場で〝なくてはならない人に〟と奮闘を重ねています。

その後も先生は、卓球大会や花火大会を通し、韓国青年部と交流されました。韓国にとって、まさに歴史的な原点となり、今日の大きな発展へとつながっていきます。

――アメリカ青年部も、アメリカ広布60周年の2020年、コロナ禍《か》であっても希望と励ましの連帯を広げ、3000人以上の未入会の青年が題目を唱えているそうです。

原田　先生はアメリカにこれまで27回訪問されています。そのすべての訪問で、激務の中、青年を抱きかかえるように励まし、陰の人を徹底して大切にされてきました。

中でも、90年2月の訪米では、先生は17日間もアメリカに滞在され、その間、実に8回にわたる青年研修会を行ってくださったのです。

――この訪米では、ハマー博士、ポーリング博士、カズンズ博士との対話など、多忙を極《きわ》められていましたが、その中でも、青年に励ましを送り続けてくださる先生のお心を思うと、感動で胸がいっぱいになります。

原田　毎回の研修が終わるたび、先生は「アメリカ新世紀会」「アメリカ飛翔会《ひしょうかい》」「アメリカ栄光塾」など、次々と人材グループを結成され、その一つ一つの名前を色紙に揮毫《きごう》されました。色紙の裏には、先生自《みずか》らが絵を描いてくださり、ある色紙には、山と人々の絵を描かれ、〝師匠の後を継いで、何があっても山を登っていくのが弟子なのだ〟と、師弟直結の精神を打ち込まれていました。

またある時は、先生が電動カートに乗って研修会場の敷地内を回られ、役員と記念撮影してくださったこともありました。陰で戦う人を草の根を分けても見つけ出し、励まさずにおくものかとの気迫すら感じるお振る舞いでした。

こうして先生から激励を受けた青年部が現在、壮年部、婦人部の中核となって、言葉に尽くせぬ師の思いと期待を胸に、アメリカ広布をリードしています。

自《みず》らの実践通し、師の偉大さ宣揚

――88年からは、SGIの青年研修会が日本で開催されるようになりました。SGIの同志の求道心《きゅうどうしん》に日本の青年部は毎回、刺激を受け、学ばせていただいています。

原田　日本での研修会の開催によって、多くの世界の青年が先生を求めて来日し、かけがえのない師弟の原点を刻んでいます。

例えば2012年9月、SGI青年研修会で来日したアフリカのメンバー17人が、旧聖教新聞本社前で先生と劇的な出会いを結びました。

「アフリカ、頑張れ！　大切な大切なアフリカの皆さん、いつまでもお元気で」

車窓から帽子を振って、エールを送る先生の姿に、アフリカの青年は喜びを爆発させました。感極《かんきわ》まったメンバーは「イタイドウシン（異体同心）！」「ビクトワール（勝利）！」と、こぶしを突き上げて叫び、世界広布の誓願を新たにしたのです。

――その歓喜と誓いは瞬《また》く間《ま》にアフリカ

中へ伝播し、今や統一教学実力試験がアフリカの30カ国以上で行われるなど、希望の連帯は勢いよく拡大しています。

原田　先生はいつも、その相手だけではなく、まだ見ぬ友の姿をも思い浮かべられながら、真心の励ましを送られています。

事実、先生と出会いを結んだ人というのは、世界でも、ごく一部です。しかし、そのメンバーが、わが胸に広布誓願の炎《ほのお》をともし、一人から一人へ、師弟の絆《きずな》を伝え広げていったからこそ、今日の世界広布の発展があります。

私たちが牧口先生や戸田先生のことを知ることができているのは、池田先生が、先師・恩師の戦いや言葉、お姿を伝え続けてくださっているからです。故に私たちも、池田先生のことをさらに学び、伝え続けていく使命があります。そして、弟子である私たちの行動と振る舞いでしか、これから未来にわたって、先生の偉大さを宣揚することはできません。

私たちは今こそ、師の広布への一念と振る舞いを自らの実践を通して継承し、師の正義と真実を堂々と語りながら、盤石《ばんじゃく》なる世界広布の陣列を築いていきましょう！

III部
師弟で開いた
「青年育成」の大道⑤

団結固く 師子奮迅《ししふんじん》の闘争を

池田門下が、広布の全責任を担《にな》う時代

――2007年（平成19年）9月から、池田先生のご提案により、本部幹部会と同じ意義を持つ最重要行事として、「広布第2幕　全国青年部幹部会」が毎月開催されるようになりました。まさに、21世紀の広布新時代の道を開いていただいた思いです。

原田　その前月の全国最高協議会の折、池田先生は、戸田先生が青年を懸命に育ててこられたことに触《ふ》れられ、その恩師への報恩の心で、池田先生ご自身も青年部を育んでこられたことを述懐されました。

「その意義も込めて、きょうは、男子部、女子部、学生部の諸君に、新たに青年部独自の幹部会を行うことを提案したい」と呼び掛けられ、9月から青年部幹部会が開始されることになりました。そこから、新たな勝利のリズムをつくってくださったのです。

――先生はこの時、五つの指針を贈ってくださいました。

①「破邪顕正《はじゃけんせい》」の青年部幹部会
②「広宣流布」の青年部幹部会
③「師弟不二」の青年部幹部会
④「全員指導者」への青年部幹部会
⑤「日本の柱」の青年部幹部会

原田　指針の第一が、「破邪顕正」というところに、私は深い意味があると思います。当時、先生が強く訴えられていたのが、まさに「魔との戦い」でした。

この時のスピーチで先生は、苦境にあった戸田先生を命懸けで守り抜かれた青年時代の闘争を、改めて教えてくださいました。また、1979年（昭和54年）の第1次宗門事件について触れられ、「この歴史の教訓を、青年部は、断じて忘れてはならない。繰り返してはならない。〝大難と戦う師匠を守るのが弟子である〟」と訴えられました。

さらに、戸田先生の「極悪《ごくあく》を世に知らしめて、責《せ》めて、責めて、責め抜け！　最後まで！」との言葉を引用され、「青年は強気でいけ！　そして断じて勝て！　青年の勇気が新たな勝利の道を開くのである」と、悪を責《せ》め抜く闘魂を打ち込まれました。

民衆を見下し、苦しめる権力の魔性とは、断固、戦う。師匠を、断じて守り抜く。このことは、青年部だけでなく、全池田門下の弟子が、永遠に生命に刻む誓いであるべきだと思います。

要人10人よりも青年一人が大切

――先生の五つの指針を受け、第1回青年部幹部会では、青年部が「広布第2幕　創価学会青年部宣言」（5箇条）を発表しました。〝青年幹〟は2009年7月まで開催され、同年10月からは「創立80周年記念　全国青年部幹部会」と名称が変更されます。

原田　先生は当時、本幹と青年幹の両方に、毎月のように出席してくださり、青年にすべてを託す思いでスピーチを続けてくださいました。

その一方で先生は、折あるごとに青年部の代表に直接、声を掛けられ、渾身《こんしん》の激励をしてくださいました。

学生部の代表のメンバーには、「しっかり勉強して、偉くなりなさい」「直系の弟子だから」等と激励され、時には記念撮影をしてくださったこともありました。

周囲の幹部に対しては、「とにかく青年と語る以外にないから」「要人10人よりも青年一人だ」「戸田先生が47歳。私が19歳。二人でつくった創価学会だ」等と大事なご指導をしてくださいました。

青年への限りない期待と信頼は、計り知れません。

――先生は2010年6月の本部幹部会以降、広宣流布の使命と責任を全面的に後継の弟子に託されます。

原田　その本部幹部会の前夜、池田先生から大変に大切なご指導がありました。

「明日の本部幹部会については、弟子の君たちが、団結して、しっかりやりなさい。皆が、創価学会のすべての責任を担って戦う時が来ているのである。学会の将来にとって、今が一番大事な時である。ゆえに、私を頼るのではなく、君たちが全責任をもって、やる時代である。私は、これからも君たちを見守っているから、安心して、総力を挙《あ》げて広宣流布を推進しなさい」と。

先生のご真情を伺い、身の引き締まる思いでいっぱいになりました。

「弟子が団結をする」

「弟子が全責任を担う」

「弟子が師匠に頼らない」

この3点こそ、池田先生が教えてくださった、学会の将来にとって一番大事な弟子の根本姿勢です。

――先生の深きご慈愛《じあい》に、決意を新たにします。先生にご安心いただけるよう、青年部が団結して、どこまでも先生のご指導のままに生き抜き、すべての勝利の原動力になってまいります。

原田　かつて先生は、「広宣流布のために、弟子が一致団結できるかどうか。師匠の教えのままに、生き抜けるかどうか。ここに未来の一切がかかっているのである」とご指導くださいました。

池田先生は、常に戸田先生の弟子として勝利しようと訴え、戦われました。「師弟不二」を軸《じく》とした「異体同心《いたいどうしん》」の勝利のリズムを築いてきてくださいました。だからこそ、学会は大発展できたのです。

「一人立つ師匠」と「一人立つ弟子」の決意の結合こそが重要です。私たち弟子が、師弟不二の心で一人立ち、一致団結して、池田先生のご指導のままに、師子奮迅《ししふんじん》の闘争を起こす。そういう覚悟で前進していきたいと思います。

“心の中に、常に先生がいるか”

――今の女子学生部員の多くは、先生と直接お会いしたことがないメンバーです。そのような中で、「師弟の精神」をどのように伝えていけばよろしいでしょうか。

原田　重要な質問です。

今の青年部の皆さん、特に海外の青年のほとんどは、先生と一度もお会いしたことがありません。しかし例えば、2019年に訪問したインドでは、青年部や未来部が「アイ　アム　シンイチ・ヤマモト！（私は山本伸一だ！）」と叫び、断じて先生の構

オンライン空間で一堂に会した世界青年部総会。世界の青年が広布後継の誓いを新たに（2020年9月27日）

想を実現するんだと決めて、生き生きと戦いを起こしていました。

インドのメンバーは、各部一体で小説『新・人間革命』を学び、そこに描《えが》かれている山本伸一の思いや行動を、自《みずか》らの生活の中に具現化し、実践を繰り返しています。だからこそ、一人一人の胸中に師の心が脈打ち、師弟を実感できているのだと思います。

先生は「師弟」について、こう語られました。

「師弟とは、弟子の『自覚』の問題です。形式ではない。師匠に何回、会ったとか、そばにいるとか、幹部だとか、それは形式です。たとえ師匠から離れた地にいようとも、直接話したことがなくても、自分が弟子の『自覚』をもって、『師匠の言う通りに実行するのだ』と戦っていれば、それが師弟相対です」

――今後の時代を生きる〝『新・人間革命』世代〟の私たちにとって、非常に大事なご指導だと思います。

原田　小説『新・人間革命』第26巻「奮《ふん》迅《じん》」の章には、こうつづられています。

「わが胸中に師匠をいだき、いつも師と共に生きている人は、人生の軌道、幸福の軌道を踏み外すことはありません。その己心の師匠が、自分の臆病《おくびょう》や怠惰《たいだ》を戒《いまし》め、勇気と挑戦を促《うなが》し、慢心を打ち砕いてくれるからです。人の目はごまかせても、己心《こしん》の師匠は、じっと一切を見ています」と。

逆の意味ですが、経文には「雖《すい》近《ごん》而《に》不《ふ》見《けん》」という言葉があります。これは、「近いけれども仏を見ることができない」という意味です。師匠の近くにいても、その偉大さが、なかなか理解できない。そうなってはならないという戒《いまし》めでもあります。

〝会ったことがあるかどうか〟ではなく〝心の中に、常に先生がいるかどうか〟。それこそが、最も大切な信心の姿勢なのです。

――まさに２０２０年の世界青年部総会は、世界の青年が距離や時差を超え、一人一人の心の中にいる池田先生に、弟子の誓いを宣言しゆく新出発の集いとなりました。

原田　コロナ禍《か》の苦難にあっても、「大悪をこれば大善《だいぜん》きたる」（御書１３００ページ）との御聖訓《ごせいくん》を胸に刻み、励ましの連帯を広げる世界の青年の姿は、全学会の同志に希望を与えてくれました。

２０２０年９月の随筆で先生は、「誓《ちかい》」について３点、教えてくださっています。

「『誓』は翼なり――誓《ちか》いを立てる時、最も誇り高き『青春の飛翔《ひしょう》』が始まる」

「『誓』は道なり――誓いを結び合う時、最も美しき『人間の連帯』が広がる」

「『誓』は光なり――誓いを果たしゆく時、最も荘厳《そうごん》な『生命の太陽』が未来を照らす」

〝広布のため〟と心を定めた誓いの人生ほど美しく、幸福なものはありません。

創立１００周年、そして末法万年の広宣流布へ、池田門下の弟子が総立ちとなる時がきました。その先頭を走るのが、青年部の皆さんです。

ともどもに、師弟不二の心を燃やし、〝わが地域の山本伸一〟として同志を励まし、学会を守り、世界広布の新たな勝利史を切り開いていこうではありませんか！

III部
世界宗教・創価学会への飛翔①

広宣流布こそ学会の永遠の使命

「時」に巡り合い、師と共に進む喜びと誇り

——2020年11月18日、創価学会は創立90周年の佳節《かせつ》を迎えました。11月1日の本部幹部会のメッセージで池田先生が教えてくださった通り、90周年という「時」に巡《めぐ》り合い、祝賀できることの「喜び」と「誇り」を深くかみ締めています。

原田 思えば、2013年（平成25年）11月、広宣流布大誓堂が落慶した折に先生は、「時は満ち、時は来りて、遂《つい》に待ちに待った師弟の大城《だいじょう》の完成を見ました」と言われました。いよいよ本格的な世界広布新時代の到来を感じ、皆が決意新たに前進を開始

しました。

――そこで今回からは、「世界宗教」への飛翔《ひしょう》という「時」を迎えた学会の歴史と使命について伺いたいと思います。

原田　戦火で焼かれた荒野に一人立たれ、学会を再建された戸田先生は1951年（昭和26年）5月3日、第2代会長に就任されるとすぐに、「創価学会常住《じょうじゅう》御本尊の発願《ほつがん》」「御書全集の発刊」、そして「宗教法人の取得」という大事業を実現されます。わずか1年4カ月の間でのことです。

――それは現代においても広宣流布を進める上で、根幹となるものですね。

原田　戸田先生にとって、会長就任の際に発表された「75万世帯の弘教《ぐきょう》」を達成するために、この三つの実現が必要不可欠《ふかけつ》だったのです。

戸田先生は会長に就任されてすぐの7月、「仏法必ず東土《とうど》の日本より出《い》づべきなり」（御書508㌻）とは、世界の仏法であるとの御金言であると宣言され、全世界への広宣流布の大確信を述べられています。

さらに朝鮮戦争が激化し、東西対立が深刻化する52年、青年部の集いで「地球民族主義」を提唱《ていしょう》されています。

また53年11月、牧口先生の十回忌に再版された『価値論』を、〝世界中の大学・研究機関に送ろう〟と提案されました（若き池田先生が中心となって推進し、約50カ国422の大学・研究機関に送られた)。

日蓮大聖人の御遺命《ごゆいめい》である世界広宣流布すなわち人類の幸福と平和を展望され、戸田先生は着々と手を打たれていたのです。

――学会常住《じょうじゅう》御本尊の発願《ほつがん》については、その心情が小説『人間革命』第5巻「随喜」の章に描《えが》かれています。

「戸田城聖は、熟慮した。〝新時代の革命には、それにふさわしい、新しい組織が必要である。その組織が、一つの躍動する生命体として発展するために、いちばん大切な、不可欠《ふかけつ》の条件とは、いったい何であろうか〟」

「〝われわれの組織は、妙法のそれである。妙法流布の組織である以上、組織の中心軸は、言うまでもなく純粋無垢《じゅんすいむく》な信心しかない〟。そう思い至ると、彼は、これまでの学会に欠《か》けていたものこそ、その信心の根本たる御本尊にほかならぬと悟ったのである。創価学会に、金剛不壊《こんごうふえ》の大車軸としての御本尊なくして、妙法の組織としての生命をもつはずがない」と。

原田　創価学会常住御本尊の記念日は、51年5月19日です。この御本尊には、向かって右に「大法弘通慈折広宣流布大願成就《だいほうぐつうじしゃくこうせんるふだいがんじょうじゅ》」、左に「創価学会常住」と認《したた》められています。

戸田先生は常々、「御本仏・日蓮大聖人より、末法現代の広宣流布を託された地涌《じゆ》の菩薩《ぼさつ》の集いであり、仏意仏勅《ぶついぶっちょく》の団体こそ、創価学会なのだ」と語られていました。

戸田先生は、この御本尊に祈り、生涯の願業《がんぎょう》である75万世帯を達成されました。

第3代会長に就任された、不二の弟子である池田先生は学会本部で、この御本尊をお守りするとともに、全同志の幸福・勝利と人間革命、広宣流布の実現を祈り、令法《りょうぼう》久住《くじゅう》への盤石な基盤を築いてくださいました。

この御本尊は現在、世界広布の根本道場である広宣流布大誓堂に安置されています。

戸田先生が発願された「広宣流布大願成就」の御本尊は、広布実現のために出現した仏意仏勅の団体である創価学会の「法華弘通《ぐつう》のはたじるし」（御書1243ページ）です。

池田先生は、「広布という大願を絶対に成就させねばならない。それが学会出現の“因縁《いんねん》”であり、未来への前進の“原点”である」と言われています。

ここに学会の使命が明確に示されているのです。

宗祖の魂を受け継ぐ御書の発刊

——戸田先生は会長就任1カ月後の6月30日には、『御書全集』の発刊という大事業を提案されています。

原田　戸田先生は、「たとい会員諸君が反対しようとも決行する」との強い決意を述べられています。
そこには、“戦時中の弾圧《だんあつ》で幹部が退転

したのは、教学がなかったからだ〟との反省の上に立ち、大聖人直結で、御書を根幹とする学会を築き上げなければならないとの戸田先生の深いご決意がありました。

そのためにも、他門流が刊行した従来の御書ではなく、学会が作成した、大聖人の正統な御遺文《ごいぶん》をまとめた御書を発刊する必要があると考えられたのです。

小説『新・人間革命』第30巻「雌伏《しふく》」の章に、「これによって、日蓮仏法の正しい法理が、広く人びとの生き方の規範として確立されるという、未曾有《みぞう》の歴史が開かれたのである」と記されています。本当にその通りであると思います。

御書の発刊により、宗祖《しゅうそ》の魂を受け継ぐ、正しい実践が行われていくのです。


池田先生は、御書を根本に大聖人直結の信心を貫かれ、日本中、世界中の友へ励ましを送り続けてくださっています。そして２０２１年11月18日には、池田先生に監修をしていただき、大聖人御聖誕８００年を慶祝した、新版の御書全集を発刊する予定です。


――学会は、牧口先生、戸田先生により、軍部政府の弾圧に屈せず、正法正義を貫きました。一方、宗門は圧迫を恐れ、御書の要文を削除し、謗法《ほうぼう》を容認しました。

学会が御書発刊を提案した時も、〝我関せず〟の冷たい扱《あつか》いをしました。唯一、尽力された堀日亨元法主は51年6月、「現在の宗門で、学会以外に、取るものがあるかね。学会を排除する宗門は、忌《い》むべきである」と言われましたが、その通りの実態です。

時代に即応した運動展開のため

――52年9月8日、戸田先生のお考えのもと、創価学会は、独自の「宗教法人」を設立させています。

原田　戸田先生は、会長就任以来、宗門から独立した宗教法人になることが、広宣流布の活動の展開にとって不可欠《ふかけつ》であると考えられていました。

その理由の一つは、宗門のためです。御書に照らし、広宣流布が進めば進むほど、大難《だいなん》が競《きそ》い起こることは明らかです。その時に、学会が宗門の一つの講という存在であれば、宗門自体が直接、攻撃の対象になってしまう。そうした事態から宗門を守るには、学会が独立した宗教法人となり、矢《や》面《おもて》に立つ以外にないからです。

理由の二つ目は、広布の新展開のために は、時代に即応した独創的《どくそうてき》な運動を自在《じざい》に推進する必要があるからです。

『人間革命』第5巻「前三後一《ぜんさんごいち》」の章の中に、「信者を基礎として宗教団体を構成する」学会の在《あ》り方について、「妙法を根底としつつ、そこから一切の社会の各分野にわたって広く活躍していったほうが、はるかに広宣流布の伸展も早まるにちがいない。また、それが自然な姿でもあった」と記されています。

こうした学会の説明に対して宗門は、「学会が宗教法人となることは、法的な問題であり、なんら指示するような意思《いし》はありません」と答えています。

そもそも社会経験も乏《とぼ》しく、時代錯誤《さくご》の宗門が、広宣流布を進めることなど到底できるわけがないのです。

——ところが、差別的・封建的《ほうけんてき》な体質が染み付いた宗門は52年6月になると臨時宗会を開き、「檀徒《だんと》及び信徒は本宗が包括《ほうかつ》する宗教法人以外の宗教法人に加入する事が出来ない」との条文を、宗制《しゅうせい》・宗規《しゅうき》に加えようとしました。

原田　実は宗会議員から提案された当初の案は、「檀徒及び信徒は本宗が包括する宗教法人以外の法人を設立する事が出来ない」でした。これは宗務院の異議申し立てによって訂正されましたが、いずれにしても、学会の宗教法人設立を阻止《そし》するとの、彼らの底意は見え見えでした。

宗教法人設立は、広宣流布の大きな流れを開き、日蓮大聖人の御遺命《ごゆいめい》を実現していくためのものです。だからこそ、明らかに不当な圧力となる危険性がある宗門の条文について、学会は直ちに抗議して取り消しを求めたのです。

——学会の宗教法人設立を阻《はば》もうとした、強硬な反対派の一人が日顕（当時、阿部信雄）です。後に、「私は、創価学会が宗教法人を取得するという時に、弱冠《じゃっかん》二十何歳でしたけれども、『これは違います』と、時の宗務院の人に言ったのであります。しかし、それは聞かれませんでした」と述べています。

原田　戸田先生は「阿部は腹黒く、インチキが多い、気をつけよ」と注意を促《うなが》していました。

また、〝釈尊《しゃくそん》の時代の六師外道《ろくしげどう》（6人の外道論師）が、大聖人の時代、良観《りょうかん》などとなって生まれ変わった。学会草創期《そうそうき》には他宗の坊主となって広布の邪魔《じゃま》をした。そして次は、あのような連中が日蓮正宗の中に生まれてくる〟とも断言されていました。

その後の日顕宗の所業を見るにつけ、戸田先生は先を見越して手を打ってくださったのだと、深く感じます。

――そうした風圧との戦いを経て、宗教法人「創価学会」は設立されたのですね。

原田　これにより、在家信者による未聞の宗教運動の大道が開かれていきます。

つまり学会は、独自の責任のもとに自立した宗教法人として広宣流布を目指し、仏法を広く社会に開くとともに、儀式、行事を行っていくという使命と役割が明確化されたのです。

そして、75万世帯達成への目覚ましい伸展がなされ、戸田先生の時代に日本国内の広宣流布の基盤が作られ、池田先生の時代になって、国内はもとより、世界に向けた仏法史上、未曽有《みぞう》の広宣流布が展開されるのです。

——戸田先生も池田先生も、宗門に対して赤誠《せきせい》を尽くされました。学会のおかげで、宗門が大興隆《だいこうりゅう》したことは、歴史の厳《げん》たる事実です。しかし、腐敗《ふはい》・堕落《だらく》した宗門は、衣の権威《けんい》を笠《かさ》に着て、「C作戦」（Cはカットの意）を実行します。供養《くよう》を取るだけ取って切り捨てる、とんでもない大暴挙《だいぼうきょ》です。

原田　『新・人間革命』第27巻「正義」の章には、次のように書かれています。

「一九九一年（平成3年）十一月、学会を〝破門〟するなどという時代錯誤《さくご》な暴挙に出た。しかし、いくら一方的に〝切る〟など騒《さわ》いでも、学会は、もとより独立した宗教法人である。なんの社会的な影響力もなかった。むしろ、それによって、学会は、邪宗門の呪縛《じゅばく》から完全に解き放たれ、魂の独立を果たし、晴れやかに、ますます雄々しく、広宣流布の大空に飛翔《ひしょう》していくことになる」と。

そこには、「宗教法人の設立という戸田の英断が、どれほど広宣流布の大発展につながっていったことか。伸一は、未来を見すえた師の慧眼《けいがん》と偉大さに感嘆《かんたん》するとともに、〝戸田先生に学会を守っていただいた〟との思いを深くするのであった」とも記されています。

――実は今回、改めて当時の書類を確認していたところ、宗教法人の認証申請書に添付された、宗教法人「創価学会」規則の「沿革」には、こう記されていました。

「当会は初代会長牧口常三郎　現会長戸田城聖の両先生を中心として昭和五年十一月十八日創価教育学会の名称の下に会員数六十余名を以て結成せられたのを最初と致します」

原田　非常に重要なことです。

牧口先生と戸田先生の師弟によって、学会は90年前の「11・18」に出発したことが、ここにも明確に記されているのです。

ともあれ学会は、邪教《じゃきょう》と化した宗門と決別し、大聖人直結の宗教的独自性を確立して、池田先生のもと、いよいよ世界に飛翔していきます。学会の永遠の原点の日である「11・18」から、創立１００周年へ向かい、共々に新たな決意で進んでいきましょう。

III部
世界宗教・創価学会への飛翔②

自他共《じたとも》の人間革命の勝利への出発

師弟誓願の殿堂「広宣流布大誓堂」

──腐敗《ふはい》・堕落《だらく》し、邪教と化した日顕宗から「魂の独立」を果たしたことで、創価学会が「世界宗教」への道を本格的に歩んだことを、前回は語っていただきました。

原田 本来、日蓮大聖人の仏法は、万人が「仏」の生命を具《そな》えていることを説《と》く「万人成仏」の教えです。それは言い換えれば、「生命尊厳」と「万人の平等」を説く法理です。それゆえに、人類の未来を開く、平和の哲理となるのです。

しかし、日顕ら宗門は、「僧が上、信徒は下」などと衣《ころも》の権威を笠に着て、大聖人の教えを踏みにじる邪義を打ち立てた。つまり「人間の差別」「分断の思想」を唱えたのです。

学会がそれを看過《かんか》し、唯々諾々《いいだくだく》として従っていれば、大聖人の仏法ではなくなり、大聖人の御遺命《ごゆいめい》である人類の幸福と平和を実現することができなくなってしまいます。

ゆえに宗門との決別は、大聖人の仏法を広宣流布していく上で必定でした。

――あの時、宗門は滑稽《こっけい》な「破門通告書」を送ってきました。そのことについて、米タフツ大学のハワード・ハンター教授（宗教学部長）は、「ごく少数の僧侶のグループが一千余万の人々を破門すること」は「世にも奇怪な現象である」と語り、「教義を社会化、現実化しようと日夜、献身する人々の〝心〟がわからなくなってしまったら、その宗団は現代の〝化石〟の道をたどるしかない」と述べていました。

原田　そうした識者の声は数多くありました。

また、象徴的だったのは「破門通告書」が届いた日、池田先生が在京アフリカ外交団26カ国の総意のもとに、「教育・文化・人道貢献賞」を受けられたことです。

そこには、19カ国の大使らと、南アフリカの人権の闘士マンデラ氏らが所属するアフリカ民族会議の代表も出席していました。

創価学会が「魂の独立」を宣言した時に、21世紀の大陸であるアフリカの外交団が先生を顕彰したことは、学会の希望の未来を示す出来事となりました。

――作家の佐藤優氏も、宗門はあまりにも前近代的で、学会の世界宗教化を邪魔する足枷《あしかせ》になったに違いないと指摘し、宗門との決別は「歴史的必然であった」と論じています。

原田　上智大学の安斎伸名誉教授も、開放的・革新的な学会と、閉鎖的・保守的な宗門の決別は必然的な結果であるとされ、次のように述べていました。

「平和・文化・教育の価値も理解できず、伝統に固執し、権威と力で信徒を押さえ付け、時代錯誤《さくご》に陥《おちい》った宗門。そこから独立しなければ、創価学会もやがては独善的、閉鎖的な教団として終わってしまい、未来性も世界性も絶たれていたことでしょう」

池田先生は宗門事件に寄せられた識者の声を通し、世界宗教の条件について、こう語られています。

「民主的な〝開かれた教団運営〟」「『信仰の基本』には厳格、『言論の自由』を保障」「『信徒参画』『信徒尊敬』の平等主義」「『儀式』中心ではなく、『信仰』中心」「血統主義ではなく、オープンな人材主義」「教義の『普遍性』と、布教面の『時代即応性』」

赫々《かっかく》と大発展する学会と、暗く衰亡しゆく宗門との根本的な違いが、ここに明確に示されているのです。

仏意《ぶつい》仏勅《ぶっちょく》の教団の「自覚と責任」

——時代遅れで仏法違背《いはい》の宗門は、学会を破門した際、あろうことか学会員への御本尊下付《かふ》を停止し、御本尊を脱会者づくりの〝道具〟としました。

そうした中、〝今の宗門は日蓮大聖人の教えに違背している〟と断じた上で離脱する僧侶が相次ぎ、その一人である栃木・浄圓寺《じょうえんじ》の住職から、同寺所蔵の日寛上人《にちかんしょうにん》書写の御本尊を御形木御本尊として学会員に授与してほしいとの申し出がありました。

原田　学会は1993年（平成5年）9月、大聖人の御遺命《ごゆいめい》のままに、広宣流布を進める唯一の仏意仏勅の教団として、「信心の血脈」を受け継ぐ和合僧団の資格において、この申し出を受けました。そして、その自覚と責任のもと、全世界の会員に授与していくことを、総務会・参議会・教学部最高会議・県長会議および責任役員会で決議したのです。

そして、日寛上人書写の御本尊を授与してきました。

日寛上人の御本尊は、もともと学会の草創《そうき》期に、新入会者へ授与された歴史があります。この時、日本の広布が急速に進みました。再び日寛上人の御本尊が授与され、日本中、世界中の同志が信行学の実践を貫き、功徳を受け、日本はもとより、世界の広布が一段と加速してきたことは、ご存じの通りです。

師弟の魂を留める信濃町に建立

――21世紀に入り、広布の運動が一層進む中、２００８年に学会は、１９２カ国・地域にまで発展。２０１３年11月には、「広宣流布大誓堂」が完成します。

原田　先生は本部幹部会等で、総本部の整備について、「皆さんが堂々と、友人を創価学会へ招けるように。『創価学会を見よ！』と胸を張って歩んでいけるように――これが私の思いである」「生まれ変わったような、世界一の『創価城』『広宣城』をつくっていく。海外から来られた方々も、悠々と、ゆっくりできるような『本陣』を、一段と整備していくことを、固くお約束します」と何度も何度も語られてきました。

そうした先生の思いが結実し、着々と整備される総本部の中心として誕生したのが「広宣流布大誓堂」です。これにより、いよいよ本格的に、世界宗教としての歩みが開始されるのです。

――会則・会憲の「前文」には、次のように記されています。

池田先生は、戸田先生も広宣流布の指揮をとられた、「三代会長」の師弟の魂魄《こんぱく》を留める不変の根源の地である信濃町に、創価学会の信仰の中心道場の建立《こんりゅう》を発願《ほつがん》され、その大殿堂を「広宣流布大誓堂」と命名された。

2013年11月5日、池田先生は、「大誓堂」の落慶入仏式を執り行なわれ、「広宣流布の御本尊」を御安置され、末法万年にわたる世界広宣流布の大願をご祈念されて、全世界の池田門下に未来にわたる世界広宣流布の誓願の範を示された。

世界の会員は、国籍や老若男女を問わず、「大誓堂」に集い来り、永遠の師匠である「三代会長」と心を合わせ、民衆の幸福と繁栄、世界平和、自身の人間革命を祈り、ともどもに世界広宣流布を誓願する。

原田 そうです。日蓮大聖人の御遺命《ごゆいめい》である世界広宣流布の大願成就を誓願する信仰の中心道場が、「広宣流布大誓堂」なのです。

先生がしたためられた大誓堂の碑文には、「我ら民衆が世界の立正安国を深く祈念し、いかなる三障《さんしょう》四魔《しま》も恐るることなく、自他共の人間革命の勝利へ出発せる師弟誓願の大殿堂なり」とあります。

大誓堂建立の目的は、全世界の同志が自《じ》他共《たとも》の幸福と社会の安穏《あんのん》を祈り、立正安国、広宣流布を誓うことです。

大誓堂の落慶記念勤行会へのメッセージの中で先生は、「『広宣流布の大願』と『仏界の生命』とは一体です。だからこそ――この誓いに生き抜く時、人は最も尊く、最も強く、最も大きくなれる」と述べられました。

師と共に、学会と共に、同志と共に――この誓いに生きて、広布にまい進する時、人は、歓喜と誉れに満ちた人生を歩んでいくことができるのです。

信仰実践に即し、会則の教義改正

――宗門が大聖人に違背《いはい》し、大石寺は〝天魔の住処《すみか》〟と化したことから14年11月、会則の教義条項が改正され、大謗法《だいぼうほう》の地にある弘安《こうあん》2年の御本尊を受持の対象にしないことが明確にされました。

原田　翌15年が創立85周年となり、池田先生の指導のもと、学会が世界宗教として新たな段階に入ることから、歴史的経緯と、世界教団としての発展の状況に鑑《かんが》み、現在の信仰の実践・実態に即して文言を改正しました。

――具体的には、「この会は、日蓮大聖人を末法の御本仏と仰《あお》ぎ、根本の法である南無妙法蓮華経を具現《ぐげん》された三大秘法を信じ、御本尊に自行化他《じぎょうけた》にわたる題目を唱え、御書根本に、各人が人間革命を成就し、日蓮大聖人の御遺命《ごゆいめい》である世界広宣流布を実現することを大願とする」となりました。

原田　大聖人は、宇宙と生命に内在する根本の法を南無妙法蓮華経であると明らかにされました。そしてそれを、末法の全民衆の成仏のために三大秘法、すなわち、本門の本尊・本門の題目・本門の戒壇《かいだん》として具体的に顕《あらわ》されました。

末法の衆生のために、大聖人御自身が御

図顕された十界の文字曼荼羅《まんだら》と、それを書写した本尊は、すべて根本の法である南無妙法蓮華経を具現されたものであり、等しく「本門の本尊」です。

そして、「本門の本尊」に唱える南無妙法蓮華経が「本門の題目」であり、その唱える場がそのまま「本門の戒壇」となります。

大聖人の仏法は、万人に開かれたものであり、三大秘法はあくまで一人一人の信仰において受け止められなければなりません。

ある場所に特定の戒壇があり、そこに安置する御本尊が根本の御本尊で、その他の御本尊はそれにつながらなければ力用《りきゆう》が発揮されないという、あたかも〝電源と端《たん》子《し》〟の関係であるかのような本尊観は誤《あやま》りです。

そうした本尊観は、世界広布が事実の上で伸展している現在も将来においても、かえって広布を阻害《そがい》するものとなりかねません。

日蓮大聖人の仏法における信仰の本義は、「根本の法である南無妙法蓮華経を具《ぐ》現《げん》された三大秘法」を信じることにあります。つまり、広宣流布を願い、御本尊を受持し弘《ひろ》めるという自行化他《じぎょうけた》の実践であり、それは日々の学会活動そのものです。そのことを会則では、「御本尊に自行化他にわたる題目を唱え」と表現したのです。

——大聖人の御本尊は、「法華弘通《ほっけぐつう》のはたじるし」（御書1243ジペー）、すなわち民衆救済《きゅうさい》のための御本尊であり、広宣流布のための御本尊ということですね。

原田　御本尊は広宣流布の誓願、信心で拝してこそ、その力用《りきゆう》が発揮されます。

学会は、大聖人の御遺命《ごゆいめい》である広宣流布を実現するため、宗門と僧俗和合《そうぞくわごう》し、弘安《こうあん》2年の御本尊を信受してきました。しかし、宗門は信者を蔑視《べっし》し、創価学会を破門する暴挙に出ました。

さらに法主詐称者《さしょうしゃ》の出現によって、永遠に法主が不在となり、宗門のいう法主の血脈なるものも断絶しました。大石寺はすでに大謗法《だいぼうほう》の地と化し、世界広宣流布を目指す創価学会とは全く無関係の存在となったのです。

「魂の独立」以来、学会員は皆、大石寺に登山することもなく、弘安2年の御本尊を拝することもありませんでした。各人の御本尊に自行化他《じぎょうけた》にわたる題目を唱えて絶大な功徳を受け、宿命転換と人間革命を成就し、世界広布拡大の実証を示してきたのです。

学会は、大聖人の御遺命の世界広宣流布を推進する仏意仏勅《ぶついぶっちょく》の教団であるとの自覚に立ち、その責任において広宣流布のための御本尊を認定しました。

したがって、会則の教義条項にある御本尊とは、創価学会が受持の対象として認定した御本尊であり、大謗法の地にある弘安

2年の御本尊は受持の対象ではないのです。

このことを世界宗教へと飛翔《ひしょう》する「時」に、将来のために明確にしたのです。

――会則に「人間革命」との文言も記され、学会の哲学がより鮮明に現されました。

原田　世界広布の実現といっても、個人の一生成仏、すなわち人間革命によって成し遂げられるものです。

20世紀を代表する歴史学者トインビー博士は、英語版の小説『人間革命』を発刊した際、序文を寄せられました。

その中で、大聖人の「地平と関心は、日本の海岸線に限定されるものではなかった」とつづられ、その思い描く仏教は「全《すべ》ての場所の人間の仲間を救済《きゅうさい》する手段であると考えた」と述べられ、「創価学会は、人間革命の活動を通し、その日蓮の遺命を実行している」と語られています。

世界中の友が今、〝信心の教科書〟として、『人間革命』『新・人間革命』を読み深めています。青年部も、「新・人間革命」世代との自覚を深め、新しい広布の時代を切り開こうとしています。

私たちはこれからも、三代会長の精神が凝縮した「人間革命」の思想を広げる対話に励んでいきましょう。

Ⅲ部

世界宗教・創価学会への飛翔③

『三代会長』は広布の『永遠の師匠』

師弟不二、死身弘法《ししんぐほう》の精神を継承

――2015年（平成27年）11月、「創価学会『勤行要典』」が新たに制定されました。

原田　「創価学会『勤行要典』」の制定は、世界宗教として、さらなる飛翔《ひしょう》の「時」を迎え、日蓮大聖人の仏法の本義に基づき、創価学会の宗教的独自性をより明確にするためのものです。

池田先生のご了承をいただいた上で、会則に則《のっと》り、師範会議と最高指導会議の賛同を得て、制定いたしました。

――御祈念文については、「御本尊への報恩感謝」「三代会長への報恩感謝」「世界広宣流布の祈念と回向」との項目となり、「三代会長への報恩感謝」が独立した項目になりました。

原田　「御本尊への報恩感謝」は、「法華経の肝心《かんじん》・南無妙法蓮華経の御本尊」に深く感謝申し上げ、御本尊根本の信心を誓います。また、御本尊を顕《あらわ》された日蓮大聖人を「末法の御本仏」と仰《あお》ぎ、報恩感謝申し上げ、大聖人直結の信心を誓います。さらに、日興上人が御本尊根本の大聖人の教えを正しく継承されたことに報恩感謝します。

第二の項目は、世界広宣流布の潮流を永遠ならしめるため、牧口常三郎先生、戸田城聖先生、池田大作先生の「三代会長」のお名前を入れるとともに、「三代会長」を「広宣流布の永遠の師匠」として仰《あお》ぐことを明確にしました。

学会が世界広布を実現しゆくには、「三代会長」に貫かれる「師弟不二」「死身弘法《ししんぐほう》」の「学会精神」を永遠に継承していく以外にありません。

そのためにも、日々の信仰実践の中で、「三代会長」を「広宣流布の永遠の師匠」と仰ぎ、師弟不二の信心を確認していくことが重要です。そうした趣旨から、「三代会長」の死身弘法の御徳に報恩感謝申し上げるとともに、その指導を実践し、その精神を受け継ぐことを誓うのです。

――「世界広布」を進める上において、海外のメンバーから「御祈念文」についても、より分かりやすいものにしてほしいとの要望があったと聞きました。

原田　かつて御祈念文の中に、「初代、二代、三代の会長」という表現がありました。当時、池田先生に『初代会長牧口常三郎先生、第二代会長戸田城聖先生、第三代会長池田大作先生』と記したいとお願いしましたが、先生からは「今は待ちなさい。物事には時が大切なんだ」との話があり、「初代、二代、三代の会長」という表現になったのです。私たちには、「師弟不二の信心」の継承を明確にし、〝万代の広布のためにも、いつかは、お名前を記したい〟という思いがずっとあり、15年の制定に至ったのです。

――2010年から、いよいよ池田門下の弟子が全責任を担い、広宣流布を進める時代に入りました。そうした中で先生は、広宣流布大誓堂が完成5周年を迎えた折、「私は、かけがえのない一人ひとりを、いやまして大切に励まし、育てながら、じっくりと時を創《つく》り、21世紀の第二の『七つの鐘』を絢爛《けんらん》と打ち鳴らしゆく」との決意で戦ってこられたとの真情を披露されています。

原田　さらに、「時は満ちて、今、この大誓堂を中心として、日本中、世界中に、『広

牧口先生、戸田先生、池田先生の「三代会長」と「広宣流布大誓堂」の威容が描かれた画「創価師弟三代勝利城」（画・内田健一郎）

宣流布の大願』を掲げた青年が澎湃《ほうはい》と躍り出ております。そして『師子王の心』で結ばれた『異体同心の団結』は、ますます揺るぎなく、桜梅桃李《おうばいとうり》の人華を爛漫《らんまん》と咲かせ、平和と人道の世界市民の大連帯を広げているではありませんか！」と訴え掛けてくださいました。

まさしく、先生が一人一人を励まし、育て、「時」を創ってくださり、世界広布の新時代が到来したのです。

――15年、学会の勤行要典が制定された時、会則前文が全般的に見直されました。

前文は、「釈尊《しゃくそん》に始まる仏教は、大乗仏教の真髄《しんずい》である法華経において、一切衆生を救う教えとして示された。末法の御本仏日蓮大聖人は、法華経の肝心《かんじん》であり、根本の法である南無妙法蓮華経を三大秘法として具現《ぐげん》し、未来永遠にわたる人類救済《きゅうさい》の法を確立するとともに、世界広宣流布を御《ご》遺命《ゆいめい》された」との一節から始まります。

そして、次のようにあります。

池田先生は、創価学会の本地と使命を「日蓮世界宗創価学会」と揮毫《きごう》されて、創価学会が日蓮大聖人の仏法を唯一世界に広宣流布しゆく仏意仏勅《ぶついぶっちょく》の教団であることを明示された。

原田　会則前文の見直しは、末法万年にわたる世界広布の未来を見据え、万代に崩れざる学会の基盤を、一層強固にするために行いました。

先生は、創価学会が「魂の独立」を果たした1991年11月28日の17日後、12月15日に東京・大田にて、「日蓮世界宗創価学会」と揮毫《きごう》されました。

御聖訓に「閻浮提内広令流布《えんぶだいないこうりょうるふ》」（御書1467ページ）と仰《おお》せです。この御文の通り、大聖人の仏法を世界に広宣流布する、唯一の仏意仏勅の教団が創価学会であることを、先生は「魂の独立」宣言直後に再確認される意味を込めて、後世のために書き記してくださっていたのです。

そして今、「三代会長」の死身弘法《ししんぐほう》の闘争により、御聖訓《ごせいくん》が現実となり、地球を包む世界広布の大興隆の「時」を迎えているのです。

未来の経典には「創価学会仏」の名

――2016年11月には、会則に「創価学会仏」との言葉が加えられ、学会の宗教的独自性がさらに明確になりました。

原田　この年の7月の全国最高協議会へのメッセージの中で、池田先生は「御本仏の広大なる慈悲を体し、荒れ狂う娑婆《しゃば》世界で大法を弘通《ぐつう》しているのは、学会しかない。戸田先生が『創価学会仏』と言い切られたゆえんである」と言われました。

これは学会の宗教的独自性を明確に宣言するものです。そこで、会則に記載する運びとなったのです。

具体的には、「創価学会は、大聖人の御遺命である世界広宣流布を唯一実現しゆく仏意仏勅の正統な教団である」「日蓮大聖人の曠大《こうだい》なる慈悲を体し、末法の娑婆世界において大法を弘通しているのは創価学会しかない。ゆえに戸田先生は、未来の経典に『創価学会仏』と記されるであろうと断言されたのである」との文言です。

先生は、〝広布を推進しゆく創価学会が仏の存在であり、創価学会なくして広布はなく、学会を守ることが広布を永遠ならしめることである〟とも言われました。

これは学会にとって、未来にわたり重要なご指導です。

――「創価学会仏」について先生は、小説『新・人間革命』第30巻「大山」の章で詳述されています。

原田　まず戸田先生が、「学会は、この末法にあって、これだけ大勢の人に法を弘《ひろ》め、救済《きゅうさい》してきた。未来の経典には、『創価学会仏』という名が厳然と記されるのだよ」と話されていたこと。

そして、法華経不軽品《ふきょうぼん》に登場する「威《い》音王仏《おんのうぶつ》」という名前の仏を通し、池田先生は指導してくださいました。

「この仏は、一人を指すのではない。最初の威音王仏の入滅後、次に現れた仏も『威音王仏』といった。そして『是《か》くの如《ごと》く次第に二万億の仏有し、皆同一の号なり』（法華経556ページ）と記されている。つまり『二万億の仏』が、皆、同じ『威音王仏』という名前で、長遠なる歳月、衆生を救済してきたと説《と》かれているのだ」と。

——戸田先生は、「これは、威音王仏の名を冠した『組織』『和合僧団《わごうそうだん》』とはいえまいか」と鋭く洞察されていました。

原田　ここが重要です。個人の今世の寿命は限られています。しかし、広布に戦う精神が師匠から弟子へと脈々と受け継がれ、一つの組織体として活動し続けるならば、それは、民衆を救済し続ける恒久的な仏の生命力をもつことになります。

つまり、「創価学会仏」とは、三代の師弟に連なり、広宣流布大誓願の使命に生きる同志のスクラムであり、地涌《じゆ》の菩薩《ぼさつ》の集いのことです。

池田先生は、「学会は、『創価学会仏』なればこそ、永遠なる後継の流れをつくり、広宣流布の大使命を果たし続けなければならない。また、それゆえに、第六天の魔王は、牙を剥《む》いて襲いかかるのである」とも記されています。御聖訓《ごせいくん》に照らし、魔の勢力から嫉妬《しっと》され、憎悪され、迫害されることは、日蓮仏法を正しく行じている証左《しょうさ》です。第3代会長就任以来の60年、池田先生は、その一切の矢面に立ち、今日の広宣流布の大河の流れを勝ち築いてくださいました。

「センセイ」は、既に世界共通語

――この新たな会則で、「『三代会長』の敬称は、『先生』とする」と明記されました。


原田　前年の15年の会則で、「『三代会長』は、広宣流布実現への死身弘法《ししんぐほう》の体現者であり、この会の広宣流布の永遠の師匠である」と定めたことに伴い、その敬称を明確にしたのです。

戸田先生は、「（学会は）三代までが、万年の土台となる」と言われ、さらに「（第3代会長が）広宣流布のすべての指揮を執《と》り、世界広布の教えを、すべて残してくださる」「第3代会長の教え通りにやっていけば、世界広布は自然にできるようになっている」とも言及されています。

初代、二代、三代の会長のご指導通りに進んでこそ、学会は発展し、広宣流布は進んでいきます。これこそが、学会永遠の根本軌道です。

――海外の同志も皆さんが、「センセイ」と呼んでいます。「センセイ」は、世界共通語です。

原田　そこには、〝池田先生が不《ふ》惜《しゃく》身《しん》命《みょう》の闘争で世界広布の道を開いてくださったからこそ、遠く離れた国の私たちも仏法に出あうことができた。これだけ幸せになれた。地球上に人間主義の哲学が広まった〟という感謝と尊敬の念が込められています。

　こうした現実も踏まえながら、聖教新聞等の表記につきましても、原則、「牧口先生」「戸田先生」「池田先生」の敬称を使用していくことになったのです。

　学会は万代にわたって、「三代会長」を広宣流布の永遠の師匠と仰《あお》ぎ、異体同心の団結で、仲良く朗らかに、「大法《だいほう》弘通《ぐつう》慈折《じしゃく》広宣流布」の大願の道を進んでいきたい。

Ⅲ部
世界宗教・創価学会への飛翔④

池田先生の大構想を弟子が成就

23世紀までの世界広宣流布を展望

――2017年（平成29年）9月、「創価学会会憲」が制定されました。

世界教団・創価学会としての世界広宣流布への新生の出発です。11月10日には、広宣流布大誓堂の三代会長記念会議場で、世界70カ国・地域280人の広布のリーダーが集い、厳《おごそ》かに署名式が行われました（11月18日に施行）。

原田　池田先生に報告申し上げ、ご了解をいただき、世界教団・創価学会の根本規範となる、会の憲法ともいうべき「創価学会会憲」を、総務会で制定いたしました。

改めて言うまでもなく、世界広布の礎《いしずえ》は、すべて池田先生が築いてくださいました。

先生は第3代会長就任直後の1960年（昭和35年）10月、初の海外指導に出発されて以来、妙法の種《たね》を全世界に蒔《ま》き続けてこられました。192カ国・地域にまで広布が伸展したのは、先生お一人の大激闘のたまものです。

海外組織の始まりは、60年の海外指導の折の、アメリカ総支部、ロサンゼルス・ブラジルの2支部、ハワイ・サンフランシスコなど17地区の結成です。つまり、世界各国の組織は、創価学会の地区や支部として発足し、発展してきたのであり、学会は当初から、各国の組織や団体から構成される世界教団として発展してきたのです。

そして、未来と世界に向かい、さらに広布を伸展させていくには、三代会長のご指導・ご精神を根幹に、それを正しく継承し、展開させていくことが不可欠《ふかけつ》です。

そのためには、創価学会の根本的な規範を明文化し、池田先生が築かれた創価学会総本部が、世界各国を指導する世界教団としての体制を構築していくことが必要となってきます。

そこで、三代会長のご指導を根幹とした、世界教団としての統一的なルールを、創価学会の根本規範「創価学会会憲」として制定したのです。

会憲は、SGI常任理事会、SGI理事会でも発表され、全会一致で承認され、署名式に至りました。

──会則・会憲「前文」には、「(池田先生は)23世紀までの世界広宣流布を展望されるとともに、信濃町を『世界総本部』とする壮大な構想を示され、その実現を代々の会長を中心とする世界の弟子に託された」と記されています。この展望こそ、21世紀からの「七つの鐘」の壮大な構想であると思います。

原田　池田先生は、戸田先生が逝去《せいきょ》されて1カ月後の58年5月3日、悲しみに沈む同志を前に、希望の前進の目標となる第一の「七つの鐘」の構想を発表されました。

戸田先生が生前、「7年を一つの区切りとして広布の鐘を打ち、『七つの鐘』を打ち鳴らそう！」と語られていたことによるものです。

池田先生は「『七』は『南無妙法蓮華経』の七字にも通ずる」と言われています。

「第一の鐘」は、30年の創立から、創価教育学会の発足となる37年までの7年。

「第二の鐘」は、44年の牧口先生の逝去までの7年。

「第三の鐘」は、51年の戸田先生の第2代会長就任まで。

「第四の鐘」は、戸田先生が会員75万世帯の達成をはじめ、あらゆる願業を成《な》し遂《と》げられ、逝去される58年までの7年です。

「第五の鐘」は、戸田先生の七回忌を目指し、遺言《ゆいごん》である300万世帯を達成することが目標でした。

池田先生が、この「七つの鐘」の構想を発表されたのは、「第五の鐘」がスタートした時です。

先生は、「第六の鐘」で、600万世帯を達成。79年の「七つの鐘」が鳴り終わるまでに、日本の広宣流布の確かな基盤をつくり上げることなどを展望されるのです。

学会は、先生の指導のもと、このすべての構想を実現してきました。

――そして池田先生は97年5月、関西代表者会議の席上、23世紀後半までの新たな「七つの鐘」の構想を示してくださいました。

原田　そうです。池田先生は、戸田先生が常々、「世界的につながる広宣流布というものは、少なくとも200年先になるであろう」と述懐されていたことを通し、大きな展望を発表してくださいました。

この壮大なビジョンは、21世紀を目前にした2000年12月の本部幹部会でも確認されています。

まず、第二の「七つの鐘」を打ち鳴らす、21世紀の前半の50年では、アジアをはじめ世界の平和の基盤をつくってまいりたい。

続く、第三の「七つの鐘」を鳴らす21世紀の後半では、「生命の尊厳」の哲学を時代精神にし、世界精神へと定着させたい。

さらに、第四の「七つの鐘」に当たる22世紀の前半には、世界の「恒久の平和」の崩れざる基盤をつくりたい。

その基盤の上に、第五の「七つの鐘」が高鳴る22世紀の後半には、絢爛《けんらん》たる人間文化の花が開いていくであろう。

それが実現すれば、第六の「七つの鐘」、第七の「七つの鐘」と進みゆく。日蓮大聖人の立宗1000年（2253年）を迎える23世紀の半ばごろから、新たな展開が始まるであろう——。

このように先生は、未来の遠大な展望を、深い決意と願望と確信を込めて語ってくださいました。そして、この実現を世界の弟子に託してくださっているのです。

——会則・会憲には、先生が、「信濃町を『世界総本部』とする壮大な構想を示され」ていたことも記されています。その通りに今、広宣流布大誓堂を中心として、創価文化センターや創価宝光会館、そして世界聖教会館などの施設が完成しています。

原田　今後さらに世界広宣流布を推進するための機構を整備し、世界教団たる創価学会の総本部としての機能を充実させていく予定です。

会則・会憲の前文は、「創価学会は、『三代会長』を広宣流布の永遠の師匠と仰《あお》ぎ、異体同心の信心をもって、池田先生が示された未来と世界にわたる大構想に基づき、世界広宣流布の大願を成就しゆくものである」との言葉で締めくくられています。

私たちは、先生のご指導のもと、「広宣流布大誓堂」の完成とともに、世界広布新時代を迎えた2013年以降、日蓮大聖人の仏法の本義に立ち返った教義条項や、三代会長の指導・精神を根幹とする前文への会則の改正、創価学会「勤行要典」の制定など、未来と世界を見据《みす》え、世界宗教にふさわしい学会の宗教的独自性の確立に取り組んできました。

そして、会憲の制定により、創価学会が世界宗教へと雄飛する体制が、より強固なものとなりました。

私たちは、どこまでも広宣流布の永遠の師匠である池田先生が示された、未来にわたる大構想に基づき、世界の同志との異体同心の団結をもって、世界広布の前進を加速させていきたい。

読了から実践へ、新たな歴史を！

——18年9月8日に、小説『新・人間革命』全30巻が完結しました。『新・人間革命』は、学会の「精神の正史」であり、全学会員の「信心の教科書」です。

私たちは、『新・人間革命』が完結した時の青年部であり、「『新・人間革命』世代」との自覚を深め、「読了から実践へ」の誓いを込め、「新・人間革命」世代プロジェクトをスタートさせました。一人一人が〝山本伸一〟となって、「人間革命」の歴史をつづりゆく決意です。

原田　池田先生は、「随筆　永遠なれ創価の大城」の中で記されています。

「大聖人は『八万四千の法蔵は我身《わがみ》一人《いちにん》

の日記文書《もんじょ》なり』（御書563ジ ペー）と仰《おお》せである。次元は異なるが、広宣流布という民衆勝利の大叙事詩たる『人間革命』『新・人間革命』は、わが全宝友と分かち合う黄金の日記文書なり、との思いで、私は綴《つづ》ってきた。ゆえにそれは、連載の完結をもって終わるものでは決してない」と。

『人間革命』『新・人間革命』には、牧口先生、戸田先生、池田先生の死身《ししん》弘法《ぐほう》の実践と学会の広布の歴史がつづられ、学会精神の一切がここに凝縮《ぎょうしゅく》されています。

また、『人間革命』『新・人間革命』は、「未来を照らす明鏡《みょうきょう》」でもあります。先生はご自身の足跡を通し、未来永劫《えいごう》にわたって弟子が広布と人生に勝ち続けるための方途を示してくださいました。

さらに『人間革命』『新・人間革命』は、「師匠との対話の扉」でもあります。

インドのある青年リーダーは、メンバーから「池田先生にご指導を受けたいのですが」と尋《たず》ねられるたび、こう答えているそうです。

「簡単さ。『NHR』を開こう！」と。

「NHR」は、「New Human Revolution」の略のことです。つまり、『新・人間革命』を開くことは、先生と心で対話できる〝扉〟を開くことに通じる――というのです。

仏法源流の地インドでは、コロナ禍《か》の2020年も、青年を中心に約2万4000人の新会員が誕生しています。

師の真実を伝え、永遠に顕彰する

——『人間革命』第12巻「涼風」の章の中で池田先生は、戸田先生に出会い、信心を始めて間もない19歳の時（１９４７年）、軍部政府の弾圧と戦い、民衆救済に立ち上がられた、戸田先生の生涯を書き残したいと思われたと述懐されています。

また、聖教新聞の発刊直前の１９５１年（昭和26年）春、戸田先生が書かれた、小説『人間革命』の原稿を読まれた時、〝いつか、この続編を自分が書かねばならない〟と感じられていたこともつづられています。

原田　3年後の54年夏、戸田先生の故郷である北海道・厚田《あつた》の港に立った時、池田先生は、小説執筆を決意されます。〝戸田先生の黄金の軌跡をとどめた、続『人間革命』を必ず書こう〟と。

そして、その決意が不動のものとなったのが、厚田から3年後の57年8月、戸田先生と共に訪れた長野・軽井沢でのことです。

戸田先生は、「牧口先生のことは書けても、自分のことを一から十まで書き表すことなど、恥ずかしさが先に立ってできない」と池田先生に言われました。

池田先生は床に就《つ》いてからも、その言葉が思い起こされ、〝では一体、誰が戸田先生の真実を後世に書き残すのか〟と、なかなか寝つくことができなかったそうです。

——かつて、戸田先生の事業が暗礁《あんしょう》に乗り上げた時、多くの同志が戸田先生のもとを去っていった。この時、池田先生は一人、戸田先生に仕《つか》え抜き、戸田先生の生命に脈打つ、広宣流布への強い強い一念を受け止め、苦闘の日々の中で、師弟共戦の魂のドラマを織り成していきます。しかし、その師の心も、一念に億劫《おくごう》の辛労《しんろう》を尽くした不二の弟子の闘争も、誰も知らないし、知ろうともしない……。

〝戸田先生の真実を記すことができるのは、私しかいない。また、それが先生の、私への期待であり、弟子としての私の使命であろう〟と考えられた池田先生は、生涯にわたる仕事として、不世出《ふせいしゅつ》の広宣流布の指導者である戸田先生の真実を伝え、永遠に顕彰しゆくことを固く固く誓ったのです。

――まさしく、『人間革命』『新・人間革命』は、師匠への「報恩の書」であることに感慨を禁じ得ません。

原田　池田先生は、第3代会長就任50周年の折に、こうつづられました。

「弟子の勝利は、師匠の勝利である。私の五十年は、ただただ、恩師・戸田城聖先生に捧《ささ》げた闘争であった。この五十年の創価の師弟の勝利は、何よりも、私とともに戦ってくださった全学会員の勝利である」

日蓮大聖人は、釈尊《しゃくそん》の未来記の通り、「ありとあらゆる法難を堪《た》え忍《しの》ばれながら、苦悩に喘《あえ》ぐ民衆のために、妙法を弘《ひろ》めていかれた」。

その大聖人に直結して、学会は広布にま

い進し、「世界百九十二カ国・地域に広がった。この地球全体を南無妙法蓮華経の音声が包み始めている。『仏法西還《せいかん》』という大聖人の未来記は、全創価学会・ＳＧＩの師弟の力によって完璧に証明されたのである」。

『人間革命』『新・人間革命』には、この仏教史上かつてない「一閻浮提広宣流布《いちえんぶだい》」の時代が築かれた壮挙の歴史が記されています。

創立１００周年へ。これからの時代は、『新・人間革命』を、池田門下の私たちが弟子の立場でどう深め、実践していくかが鍵となります。

いかに自分たちの血肉《ちにく》とし、後世に正しく伝えていくか。その意味で青年部の皆さんは、使命ある〝新・人間革命世代〟として大いに力を発揮し、世界広布のさらなる大道を開いてもらいたい。

原田　稔

創価学会会長。1941年生まれ。東京都出身。1953年入会。2006年、会長に就任。学生部長、青年部長として広布拡大に貢献。総東京長、副理事長などを歴任。学会本部では、庶務室長として池田先生の海外・国内指導に随行、事務総長として法人運営の万般にわたる重責を担ってきた。

広布共戦の軌跡

青年部が原田会長に聞く

発行日　二〇二一年三月十六日
編　者　「広布共戦の軌跡」編纂委員会
発行者　松岡　資
発行所　聖教新聞社
〒一六〇―八〇七〇　東京都新宿区信濃町七
電話　〇三―三三五三―六一一一（代表）
印刷・製本　図書印刷株式会社
定価は表紙に表示してあります

ISBN978-4-412-01676-7

表紙イラスト　ピクスタ